今からでも間に合う！ やり直し勉強法！

海外経験ゼロでも

「英語ができる人」はどのように勉強したのか？

『THE21』BOOKS

『THE21』編集部［編］

PHP

『THE21』BOOKS

海外経験ゼロでも「英語ができる人」はどのように勉強したのか？

今からでも間に合う！ やり直し勉強法！

目次

第1章 徹底検証！ 海外経験ゼロでも「英語ができる人」の勉強法

SPECIAL INTERVIEW

TOEICの点数が高いだけでは何の意味もない！

日本人は「結果の出せる英語」を身につけよ

大前研一 経営コンサルタント……8

英語弱者の不安&疑問をスッキリ解消！

今度こそマスターできる完全保存版！ 総論……16

話す訓練や正確な発音はビジネスパーソンには必要ない！

「聴く」に徹するのが実用英語習得への近道だ

野口悠紀雄 早稲田大学大学院教授……20

ネイティブ並みをめざすのは費用対効果がよくない勉強法だ！
自分に必要な英語とは何かを最初に決める
勝間和代 経済評論家……23

三十代以上のビジネスパーソンは「弥《び》縫《ほう》策」で乗り切ればいい！
仕事周辺で必要となる表現に絞って勉強する
村上憲郎 村上憲郎事務所代表……26

ビジネス英語の勉強は、「いかに効率的にやるか」がポイントだ！
仕事に必要な英単語をウェブでひたすら覚える
成毛 眞 ㈱インスパイア取締役・ファウンダー……29

「ディクテーション」に勝る英語勉強法はない！
五分の英語ニュースを書き取る訓練を繰り返す
廣瀬禎彦 121works合同会社代表……30

ビジネス英語でもっとも重要なのは、一〇〇％英語で説明しきることだ！
相手に正確に伝わる文章構成を考えるクセをつける
松本 大 マネックス証券㈱代表取締役社長・CEO……31

半分ぐらい理解できるようになると、加速度的に面白くなってくる！
ストーリーのある教材を浴びるように聴き続ける
土居健人 トリンプ・インターナショナル・ジャパン㈱代表取締役社長……32

第2章　英語のプロが教える習得への最短ルート

無駄を排除し、必要なことだけやる！

「分野別速習法」

竹岡広信／安河内哲也／土屋雅稔　カリスマ英語教師……34

学習の落とし穴に注意せよ
「英語を話すのに英文法は要らない」は大間違いだ
市橋敬三　アメリカ口語表現の第一人者……45

NHK英語講座フル活用派
1日15分のラジオ講座をひたすらつぶやく
川本佐奈恵　英会話スクール「English Time」代表……48

通勤＆スキマ時間活用派
細切れ時間を有効活用し、シャドーイングを繰り返す
安達　洋　㈱ラーナーズジム代表取締役……51

一夜漬け準備で即実践派
英語の勉強よりもコミュニケーションに集中
岸良裕司　ゴールドラット・コンサルティング ディレクター兼日本代表……54

ビジネス英語を短期集中学習派
目的から逆算し、必要最低限のことを一気に学ぶ
三木雄信　ジャパン・フラッグシップ・プロジェクト㈱代表取締役社長……57

海外ドラマ&映画のDVDで学習派
英語字幕を活用して「生の英語」を習得
有子山博美　英語教材プロデューサー兼ライター……60

TOEICスコアをモノサシにして勉強派
勉強時間を記録&集計し、モチベーションを維持
宮下裕介　㈱電通 ソリューション・クリエーティブ室……62

初心者でも600点を十分狙える！
短期決戦したい人のための「TOEIC®対策」
中村澄子　TOEICクラブすみれ塾代表……63

第3章　実践パワーアップ講座　英語力テスト&ネイティブ表現

楽しみながら語学センスがらくらくアップ
英語力テスト99
小池直己／佐藤誠司……68

気持ちが伝わる！
そのまま使える！ ネイティブ表現50
松本祐香／ティム・ナイト……78

第4章　効率アップ！　最強の英語学習ツール

本書は『THE21』（PHP研究所刊）の2010年9月号、2009年6月号に掲載された記事を抜粋し、追加要素を加えて再編集したものである。

第1章

徹底検証！ 海外経験ゼロでも「英語ができる人」の勉強法

徹底検証！　海外経験ゼロでも「英語ができる人」の勉強法　SPECIAL **INTERVIEW**

TOEICの点数が高いだけでは何の意味もない！ 日本人は「結果の出せる英語」を身につけよ

大前研一
経営コンサルタント

Kenichi Ohmae

1943年、福岡県生まれ。㈱ビジネス・ブレークスルー創業者兼代表取締役。ビジネス・ブレークスルー大学学長。㈱日立製作所を経て、72年マッキンゼー・アンド・カンパニー・インク入社。日本支社長、アジア太平洋地区会長を務める。独立後、カリフォルニア大学ロサンゼルス校（UCLA）大学院教授、スタンフォード大学ビジネススクール客員教授、オーストラリア・ボンド大学評議員兼教授、韓国梨花大学国際大学院名誉教授、高麗大学名誉客員教授などに就任。著書多数。最新刊は、『お金の流れが変わった！』（PHP新書）。

取材・構成：山口雅之　　写真：村上めぐみ

世界各国の英語事情が劇的に変化している！

「社内の公用語を英語に変える」。そんなニュースが流れ、ビジネスパーソンの英語ブームはますます加熱していく。しかし、随分と前から英語の必要性を説いてきた人物がいる。経営者を相手に世界中で講演できるほどの英語力と知識と見識を併せ持つ、日本人としては稀有な存在の大前研一氏だ。海外での講演は一時間五万ドルと最高レベル。当然、海外経験の豊富な大前氏だが、意外なことに英語習得には海外経験など全く必要ないとのこと。そんな大前氏に、英語論と「使える英語」の学習法を聞いた。

＊

――大前さんが海外で講演をするときは、英語でされるのですか。

大前　もちろん。英語で自分の考えを日本語同様に伝えることができなければ、五万ドルの講演料はもらえないからな（笑）。ただ、ひと昔前だと英語が聴衆に通じず、現地の言葉に翻訳する通訳が必要な国がけっこうあった。いまはどこに行ってもほぼ通訳なしで用が済む。この十年で、それだけ英語が全世界に浸透したというわけだ。

――とくに国民の英語力が急激に上がっていると大前さんが感じる国には、どんなところがありますか。

大前　まずヨーロッパ。ここはEU体制になってから、英語が事実上の共通語になったといっていい。なかでも英語力の向上が著しいのはスペイン、ポルトガル、イタリア。それからなんといってもドイツ。バイエル、BASF、ヘキストの三大化学会社やシーメンス、ダイムラーなど、アメリカに進出している企業の部長クラスは例外なく、現地で工場の立て直しができるくらいの英語力は身につけている。フィンランド、スウェーデン、ノルウェー、デンマークの北欧四国も、最近ではみなネイティブと遜色ない英語を話すようになった。東欧やロシアでも、旧ソ連の崩壊以後は、英語でビジネスができる人の数が急激に増えている。

南米では新・新興国VITAMINの一角を成すブラジル、メキシコ、アルゼンチン、コロンビアなどが、英語力を著しく伸ばしている。

――アジア諸国はどうですか。

大前　シンガポール、フィリピンはもともと英語が日常的に使われているし、イギリスの植民地だったマレーシアもみな当たり前のように英語を話す。いずれの国もそれぞれ中国語、タガログ語、マレー語が主力であったが、公用語論争を避けるために〝どちらでも〟いい、としたところ、学校では英語を使う先生が増えた。結果、英語が以前よりも深く浸透している。台湾ももともと日本語と英語は強い。それからインドネシア。ここも最近メキメキ英語力をつけている。マネージャークラスの人材は英語だけではなく経営力の点でも成長著しい。

しかし、ここ十年でもっとも英語力が伸びたアジアの国といえば、やはり韓国と中国だ。

韓国は一九九七年の「IMF危機」の後、当時の金大中大統領が英語とITで再び立国すると宣言。以来国民が国技のように英語とコンピュータの勉強を始めた成果が、ここにきて確実に出始めている。私は現在、韓国の高麗大学と梨花女子大学で教授を拝命しているが、どちらの大学も授業は英語が普通になっている。そのためTOEICの点数が八〇〇点に満たないと入学を認められない。また、韓国では就職の際も英語力は必須。サムソンクラスになるとTOEIC九百点が入社の最低条件だ。韓国のグローバル企業に英語が苦手という人がいない理由がおわかりだろう。

中国も、かつては英語を理解する人がほとんどいなかったが、この十年で大きく様変わりした。あの国の人は、とにかくお金になることならなんでもやる。それで、英語ができると、できない人の何十倍も稼ぐことができるとわかった途端、みな火が点いたように勉強を始めた。都市に住む四十歳以下のビジネスパーソンに限っていえば、英語力ではすでに日本人を凌駕しているといってもいいだろう。二〇一五年までには英語を話す人の数で、中国がアメリカを抜くとまことしやかにいわれているが、小学校からの英語熱を見ていると決して眉唾ではない、というのが私の実感だ。

――それにしても、なぜいま英語なのでしょう。

大前　現代のようにグローバル化が進み、人やお金や情報が国境を越えて自由に行き来するようになると、どこの国や地域でも使えて、誰もが理解できる共通の言葉がないのは不便きわまりない。では、共通語にふさわしい言葉は何かといったら、それが最も多くの国で話されていて、使い勝手のいい英語だったというわけだ。

そして、いったん英語が世界共通語であるという合意が形成されると、英語が使えれば世界中でビジネスが可能だということになる。それで世界中の人たちが英語の勉強を始めた結果、各国の英語力が上がったのである。

ただ、何事にも例外というのはあるもので、この期に及んでも国民の英語に対する興味や関心がまるで高まらない国が、アジアの片隅にひとつある。

――それが日本というわけですね。

大前　そのとおり。二〇〇八年に行われたTOEFLのスコアランキングを見ると、日本人の平均スコアはアジアの最低レベル（二七位）で、なんと北朝鮮（二〇位）やミャンマー（二五位）より低いのだ。それなのに、なんとかしなければという危

アジア各国のTOEFL平均スコアランキング（2008年）

順位	国名	スコア
1	シンガポール	100
2	マレーシア	88
	フィリピン	
4	インド	87
	パキスタン	
6	ブータン	85
7	スリランカ	83
8	バングラデシュ	82
9	香港	80
10	インドネシア	79
	キルギスタン	
	トルクメニスタン	
13	韓国	78
14	中国	76
15	アゼルバイジャン	75
16	カザフスタン	74
	ネパール	
18	台湾	73
	ウズベキスタン	
20	北朝鮮	72
	モンゴル	
	タイ	
23	ベトナム	70
24	アフガニスタン	69
25	ミャンマー	68
26	タジキスタン	67
27	日本	66
	マカオ	
29	カンボジア	65
30	ラオス	59

注1：スコアは「TOEFL iBT」のもの。満点は120
注2：受験者数は各国ごとに異なる
資料：「TOEFL® Test and Score Data Summary for TOEFL Internet-based and Paper-based Tests: January-December 2008 Test Data」

機感がまったくないときている。他国のビジネスパーソンが必死で英語を勉強しているというのに、この国だけはなぜか英語熱が年々冷めているようなのだ。

今の勉強法では身につかない英語学習・三つの悪癖

――たしかに、日本では中学・高校と最低六年間は英語を勉強しているはずなのに、英語が苦手という人が少なくありません。どこに問題があるのだと思いますか。

大前　文科省に何とかしろ、と言う人がいるが、ムリだ。文科省が日本人の英語をここまでダメにした元凶だからだ。TOEICでいえば中学の英語の先生が五六〇、高校の英語の先生が六二〇点だ。つまり、彼らはまだ英語を教える立場にはなく、むしろ教わる立場なのだ。こういう人が、指導要領に基づいて機械的に英語を教えているわけだ。本当は英語を母国語にする国の語学の教員免許を持った人を無条件で入れるしかない。しかし、文科省がそれをやると思うか？　だから自分でやり方を学び、身につけるしかない。語学という物はもっと自然に身につけなくては行けない。たとえば、アメリカでは三歳の子どもだって英語を話している。それなのに六年も勉強して日常会話もままならないというのは、勉強の仕方が根本的に間違っているというよりほかない。私のみたところ、日本人の英語学習の欠点は次の三点に集約できる。いまさら文部科学省に文句をいったところで何も始まらないのは明らかだから、これから英語を学ぶ人は、これらの悪い癖を即刻改めることだ。

一つ目は、正しい英語でなければならないという強迫観念にも似た思い込み。これは学校で、EnglishのEが大文字でなければ×、三単現のsが抜けているから減点という教え方をされるのが原因だ。英語というのはコミュニケーション・ツールなのだから、それを使って意思疎通できればいいはずなのに、なぜか正しさや正確さに必要以上に厳密になろうとしてしまう。数学や理科のように〇×で教えるものだから、英語にも正解があると思いこんでしまう結果、いざ実践で使おうとすると言葉が出なくなってしまうのだ。

日本語の場合を考えてみるといい。あなたは発言の前に、言おうとする文章の文法が間違っていないかを頭のなかで何度も検証してから、おもむろに口を開くだろうか。おそらくそんなことをやっている人はひとりもいないはずだ。逆に、そうではないから日本語だとスムーズに言葉が出てくるのである。

正しい英語という呪縛から逃れられないかぎり、英語をコミュニケーション・ツールとして使える日は永遠に来ないと思ったほうがいいだろう。

――他国の人は、自分の話す英語が正確かどうかそれほど気にはしないのですか。

大前　もちろん非英語圏出身者でも正確な英語を話す人はたくさんいるが、日本ほど英語に無謬性を求める国はないのではないか。

日本人の対極がイタリア人。彼らには正しい英語を話そうなどという気持ちはこれっぽっちもないといっていい。なにしろ会議の席で「We is〜」などと平気で口にするのだ。しかも、その程度の英語力で、彼らはまったく臆することなくどんどん発言する。さらには、ロシア人やアメリカ人の女性までちゃんと口説いてしまうだ。

語学の習得には、この積極性も不可欠なのだが、日本人はこれも弱い。英語という武器を使って何かをするのではなく、教科書に書かれていることを読み暗記するだけで終わってしまう。この受動的姿勢が、日本人が改めるべき二つ目の点だ。

――それは、日常的に外国人とのコミュニケーション機会が少ないというのも原因なのでしょうか。

大前 そうではないだろう。いまは日本の津々浦々に外国人がいるし、インターネットだってあるのだから、その気になればいくらだって外国人と話すことはできる。それなのにそうしないのは、教えてもらうという受け身の学習に慣れてしまって、使ってナンボという感覚がないからだろう。

語学学習の出発点にあるのは、「こういう状況で相手にこれを伝えるには何と言ったらいいか」でなければならないはずだ。ところが、日本人はこれを端折《はしょ》ってしまって、いきなりテキストの構文を暗記しようとする。ところが、こんなものをいくら覚えたところで、活きた言葉ではないから頭に定着しないし、かろうじて暗記できても、今度はうまく使うことができない。実践で威力を発揮するのは、現場で恥をかいたり傷ついたりしながら獲得した活きた英語だけなのだ。

それから、三つ目が、和文英訳。

――和文英訳のいったいどこがよくないのでしょう。

大前 では、ひとつ質問しよう。「私はあなたを愛しています」を英語で何と言うか。

――"I love you."です。

大前 では、あなたが女性に愛を告白するとき、日本語でどんな言い方をするか。

――そうですね、「つきあってください」とか「一生大事にします」とか。

大前 いつも「私はあなたを愛している」ということはないだろう。

――相手や状況によって変わってきます。

大前 そういうことだ。日本語ではちゃんと使い分けができるのに、英語になると「私はあなたを愛しています」は機械的に"I love you."になってしまう。たしかに和文英訳ならこれで○だが、求愛のセリフがこれ一本だけでは、英語圏で恋愛を成就させるのは難しいぞ。

続いて、もうひとつ質問。日本人のマネジャーがアメリカ人の部下に「なぜ、君は月末までにこのデータを僕のところにもってきてくれなかったのだ」という内容を"Why

日本人が「結果を出せる英語力」を身につけるうえでの"三つの壁"

1 「正しい英語でなければ」という強迫観念

日本人は「○×式」の英語教育を長年受けてきたため、実際の会話でも、英語を口にする前に頭のなかで念入りに文法や構文のチェックをしようとする。このため発言のタイミングが遅れ、コミュニケーションの機会を逸してしまう。

2 英語を学ぶ姿勢が受動的

用意された教材をたんに暗記するような受け身の勉強法では、英語はなかなか身につかない。逆に、「こんなことを伝えるにはどういえばいいのか」と、自ら単語や表現を探す能動的な勉強をしたほうが、記憶の定着は格段に上がる。

3 和文英訳を重視しすぎ

英語はYes、Noがはっきりしていて、何事にも白黒をはっきりさせる言語だというのは完全な間違い。にも関わらず、多くの日本人は英語を使うとき、日本語の文章を「これを英語でいうと…」とそのまま英訳してしまう。

資料：大前研一氏への取材をもとに、編集部が作成

「結果の出せる英語」でなければ、せっかく勉強しても何にもならない

"didn't you bring over the data by the end of last month?" という英語で伝えた。これは○か×か。

——○だと思います。

大前　私なら迷わず×をつける。これも和文英訳としては正しいのかもしれない。しかし、実際にこんな言い方をしたらどうなるか。部下は自分が非難されていると感じ、その場に険悪な空気が流れ、今後の人間関係に齟齬《そご》をきたすのは火を見るより明らかだ。

この場合は「このデータがタイミング良くあると僕はものすごく助かるのだけどな」というニュアンスが伝わるような言い方が正解。そうすれば、部下も「それは申し訳ないことをした。次はちゃんと提出しよう」という気持ちになるだろう。

英語ができるというのは、英語のニュアンスがわかって、適切なフレーズや表現を使い分けられることをいうのだ。そして、こういう真の英語力は、日本でいくら和文英訳をやっても、絶対に身につかないのである。実際、英語がうまいという人は和文英訳がうまかったりする。そう言う人が海外出向したり、外国企業と交渉したりして、真っ先にしくじるのはこの為だ。和文は、そもそも英訳すべきではない。英語の表現ではどう言うのが適切なのかを覚えて行かなくては実務には役立たない。

「海外に行けば……」は弱い意志の裏返しだ

——大前さんの話を聞いていると、日本人の英語学習がいかに間違っているかがよくわかってきました。

大前　私が言いたいのは、漠然と「英語ができるようになりたい」ではなく、「世界で通用する英語とは何か」ということを、常に考えながら勉強しろということだ。とくに、ビジネスパーソンは、これから外国企業と折衝したり、海外工場のマネジメントを任されたりする機会が嫌でも増えてくる。そういうときにちゃんと「結果の出せる英語」でなければ、せっかく勉強しても何にもならない。

——大前さんのいう「世界で通用する英語」「結果の出せる英語」というのは、どのように学んだらいいのですか。たとえば、語学留学というのは効果がありますか。

大前　英語を勉強するのに、わざわざ海外に行く理由が私にはわからない。英語を習得するには英語と接する時間を増やす、これはそのとおりだ。しかし、そんなことは日本にいても十分できる。先ほど中国人の英語力向上には目を見張るものがあるという話をしたが、彼らの大半は国内でしか英語を勉強していない。それなのに、日本人よりはるかに英語が上手くなっている。というのも、彼らは英語を絶対にものにしてやる！という強い意志があるからだ。この強い意志さえあればいまの時代、どこにいても英語力を高めることはできる。

逆に、そういうものもなく、海外に行けば英語ができるようになるだろうという程度の志で留学しても、お金と時間が無駄になるのが関の山だといっておく。現にそういう目的で行って来た人で英語がうまい人に出会ったことがない。

——では、具体的な勉強方法を教えてください。

大前　まずは、なんといっても英語を使うこと。しかし、会話をしようにも相手の言っていることが聴きとれなければ、文字どおり話にならない。そこで、自分は英語が苦手だという人は、英語を大量に聴いて英語の耳をつくることから始めるのがいいだろう。たとえば、自宅では常時CNNやBBCを流しっぱなしにしておく。

私は大学生時代、ひとつ七万円もするクラリネットをどうしても手に入れたかった。それで、当時もっとも高給といわれていた通訳のアルバイトをすることにした。けれども、そのころの私は海外に行ったこともなければ、外国人と話をしたこともないので、もちろん英語を話すことも聴くこともできない。それで、どうしたかというと、FEN（現在はAFN　駐留米軍向けの英語ラジオ放送）を朝から晩まで聴き続けた。その結果、わずか半年で運輸省の通訳案内試験に合格することができたのだから、この方法は抜群に効果があるといっていい。

——聴き方のコツというのはありますか。

大前　ポイントは、左脳ではなく右脳を使って、音楽や動物の鳴き声、鳥のさえずりに耳を傾けるように聴くということ。意味を考えたり、RとLの発音の違いを聴きとろうとしたりしてはいけない。左脳が入ってくるからだ。理屈で覚えるのではなく、英語の音とリズムを赤ちゃんのように体に刻みこむのだ。そうしていると、最初はただのノイズにしか聞こえなかった音が、しだいに言葉として認識できるようになってくる。そうしたら、今度は聴こえたとおりに真似をして声に出して発音してみる。

これがある程度スムーズにできるようになったら、次は、身近にいる外国人をつかまえて会話の実践だ。周りに適当な人が見当たらなければ、休日に秋葉原や浅草に行ってそこにいる外国人に声をかけ、観光ガイドをかって出るといい。外国人の思いもかけない質問に英語を駆使して答えるというのは、格好のトレーニングになるはずだ。

私の場合は、まさに通訳の仕事が、自分の英語力を磨く道場だった。ツアーの参加者が私の通訳に満足すると、旅行の最後にチップをくれるのだが、なにしろ一ドル＝三百六十円の時代だから、うまくいけば一回のツアーで給料二カ月分のチップが集まる。そうなるとこちらもいきおい必死にならざるを得ない。おかげで、人をまとめたり、心をなごませたり、はたまた怒りの矛先を収めたりするときには、どんなフレーズをどのように言えばいいかということを、身をもって学ぶことができた。

このように、具体的な利潤動機、或いは恋愛動機、などがあると、英語学習のモチベーションが維持しやすいので、上達も早いということを付け加えておく。

「英語が堪能」はスタート地点。結果を残せる英語力を磨け

——文法や構文の暗記ではなく、生の英語を聴き、実際に英語を使う機会を増やすのが効果的な学習法だということですね。

大前流 英語学習のポイント

- 漠然と英語ができるようになろうとするのではなく、世界で通用する英語とは何か、を常に考えて勉強する
- 語学留学は必要ではない。大切なのは強い意志
- 英語を大量に聞いて、英語の耳をつくろう
- 左脳ではなく右脳を使って聴く。英語の音とリズムを身体に刻みこむ
- 聞こえた通りを真似して発音してみる
- 実際に声を掛けたり、「Skype」（インターネットを利用した音声通話ソフト）を活用して会話の実践を行う
- 具体的な利潤動機があると、モチベーションが上がりやすい

「使える英語力」の3ステップ

初級

英語の基礎力をつける段階。前述の学習ポイントを押さえてひたすら勉強しよう。

↓

英語が聴き取れて、会話ができる

中級

①マイケル・サンデル教授の「ハーバード白熱教室」を英語で聴き、何人かで同じようなことをやってみる。
②歴代大統領のスピーチなどを実際に聴き、英語でスピーチをする基礎を固める。
③スピーチの練習はICレコーダーに録音。フィードバックする。

↓

英語力と同時に、論理的な考え方や議論の進め方、ディベートの仕方が身につく

上級

「現地工場を閉鎖し従業員を解雇する」「海外支店の従業員組合と賃金交渉を行う」など、論理だけでは解決できない事例を想定し、そのシミュレーションを行う。

↓

リーダーシップやネゴシエーションのスキルも身につき、真のグローバル人材に

大前　ただし、これらはあくまで英語の基礎力をつける訓練にすぎない。英語を使って仕事で結果を出せるようになるには、まだまだ学ばなければならないことが山ほどある。

——英語ができれば即グローバル人材として価値が高まると思っていましたが、英語が聴き取れて会話ができるだけでは、まだ不十分だと。

大前　現在、企業がのどから手が出るほど求めているグローバル人材というのは、新興国で新しい市場を開拓したり、海外の現地法人に乗り込んでいって労働争議を解決したりできる人のことをいう。では、帰国子女のようにネイティブ並みの英語を話せれば、誰でもそういったことができるかといったら、そんなことはない。逆に、なまじ英語が堪能なばかりに要らぬことを口にして誤解を招いたり、トラブルを引き起こしたりするケースのほうが、むしろ多いのだ。

ＴＯＥＩＣについても同じことがいえる。八〇〇点、九〇〇点の実力があるときけば、英語の筋トレはできているということはわかるが、だから海外で事業を任せられるということにはならない。

——そうすると、グローバル人材として仕事で結果を出せるようになるには、何が必要ですか。

大前　たとえば、昨年日本でも話題になった、マイケル・サンデル教授の「ハーバード白熱教室」、あれを英語で学び、自分たちでも同じようなことをやってみる。こうすることで、英語力と同時に、論理的な考え方や議論の進め方、ディベートの仕方など、日本人の苦手としている部分を鍛えることができる。これは私の考える「実践ビジネス英語」の中級トレーニングといっていいだろう。ただし、サンデル教授のやり方をビジネスにそのまま持ち込んだら、かなりの確率で失敗するので、その点は注意しなければならない。

——それはどうしてですか。

大前　難しい課題を突きつけ、ロジックを駆使して相手を追い込んでいくサンデル教授の技法は教室では有効だが、ビジネスの現場で社員や取引先を相手にあれをやったらどうなるか。議論には勝っても相手の機嫌を損ねたり、反感を買ったりするのは必至。仕事の最終目的はキャッシュレジスターを鳴らすことであって、自分の正しさを証明することではないのだ。

それから、英語のスピーチ。これも中級トレーニングとしてぜひやっておきたいことのひとつだ。というのも、欧米には中学や高校にパブリック・スピーチという課目があって、みな人前で自分の意見を発表する訓練をさせられるのだが、日本の場合はそういう機会がほとんどない。だから、英語だけ上手くても、相手の心に響く話し方やちょっとしたスピーチができない人がごまんといるのだ。

——これはどうやってトレーニングすればいいのですか。

大前　まず、人の心を打つスピーチとはどういうものかを知らなければならない。そこで、リンカーンやケネディー、オバマといった歴代のアメリカ大統領のスピーチ集を入手し、話すスピードや声のトーン、間の取り方などを実際に自分の耳で確認してみる。このとき、とくに注意してほしいのが聴衆の反応。たとえば、オバマ大統領の演説中に会場からいっせいに拍手が起こった場面があったら、そのきっかけとなったフレーズや言い方を覚えておくのだ。こうやってストックを増やしていくと、どういう状況でどういう言葉が人々の琴線に触れるかといったようなことが、だんだんとわかってくる。アップルのジョブズがスタンフォード大学卒業式でやったスピーチなども心を打つ。また最近の名演説を無料で見せてくれるＴＥＤという

実践で威力を発揮するのは、現場で恥をかいたり傷ついたりしながら獲得した英語だけ

サイト（http://www.ted.com/）もある。

それから、スピーチに限らず英語を話す練習をするときは、必ず自分の声をICレコーダーなどに録音して、あとで聴き直しチェックすること。このフィードバックがあるかないかで上達の速度は大きく違ってくる。

あとは、これもサンデル教授の授業と一緒で、いくら感動的なスピーチをしても、それが仕事の成果に結びつかなければ意味がないということを、肝に銘じておく。

——さすがに中級となるとかなりハードルが上がりますね。最後に上級のトレーニングもご教示願います。

大前　「現地工場を閉鎖し従業員を解雇する」「海外支店の従業員組合と賃金交渉を行う」など、実際に海外や国際舞台で起こる事例を想定し、そのシミュレーションを行って最善の解決法を身につける。私の主催するビジネス・ブレークスルー（BBT）大学院大学の「実践ビジネス英語講座」の上級クラスでは、まさにこれをやっている。要するに、英語だけでなくリーダーシップやネゴシエーションのスキルも身につけて、ようやく真のグローバル人材と呼べるのだ。

——いまは英語が得意ではない人も、一念発起して一から勉強を始めれば、上級まで行くことは可能ですか。

大前　それは本人しだいだ。ただ、最低でも一年で七〇〇時間は他のあらゆることを犠牲にして英語に集中しなければ無理だといっておく。毎日二時間、または週末はドップリ、ということだ。それだけの覚悟があるか、まずは自分の心に問うてみるといいだろう。

徹底検証！

海外経験ゼロでも「英語ができる人」の勉強法 総論

仕事が忙しくて時間がない、過去に何度も挫折している、いまさら手遅れでは……

英語弱者の不安&疑問をスッキリ解消！

今度こそマスターできる完全保存版！

Q 日本のビジネスマンは、英語といかに向き合うべきか？

今年六月、楽天が「社内公用語を英語に切り替える」ことを発表。「ユニクロ」のファーストリテイリングも、すぐさまこれに続いた。こうしたニュースを耳にして、「いよいよ英語を勉強しないとまずいかも」と思った人は少なくないはずだ。

そもそも、なぜここにきて英語の必要性が改めて叫ばれるようになったのだろうか。一般的によくいわれる要因は、国内市場の縮小傾向だ。少子高齢化で国内市場の先細りが確実なか、「日本企業が生き残るには海外市場を開拓するしかない。そのために英語ができる人材が必要」というロジックは、たしかに否定しがたいものがある。

しかし、取材で飛び出したのはもっとショッキングな「英語必須論」だった。

「今後、世界人口六十七億は『英語ができる人』と『英語ができない人』に二分化していきます。そうしたなか、『英語ができないビジネスパーソンとして生きていく』というキャリアパスを選ぶのは、そうとうリスクが高い選択です。そのことを自覚していますか？」（グーグル・村上憲郎名誉会長）

「九〇年代以降、日本だけが世界の経済構造の変化から取り残されています。その原因は日本人の英語力の低さです。インターネット上の世界言語は英語であり、それをマスターせずに今後の世界経済の一員となることは不可能。多くの日本企業では今後も、『英語ができないから即リストラ』ということにはならないでしょう。その代わり、勤めている企業自体がなくなる可能性があります」(早稲田大学大学院・野口悠紀雄教授)

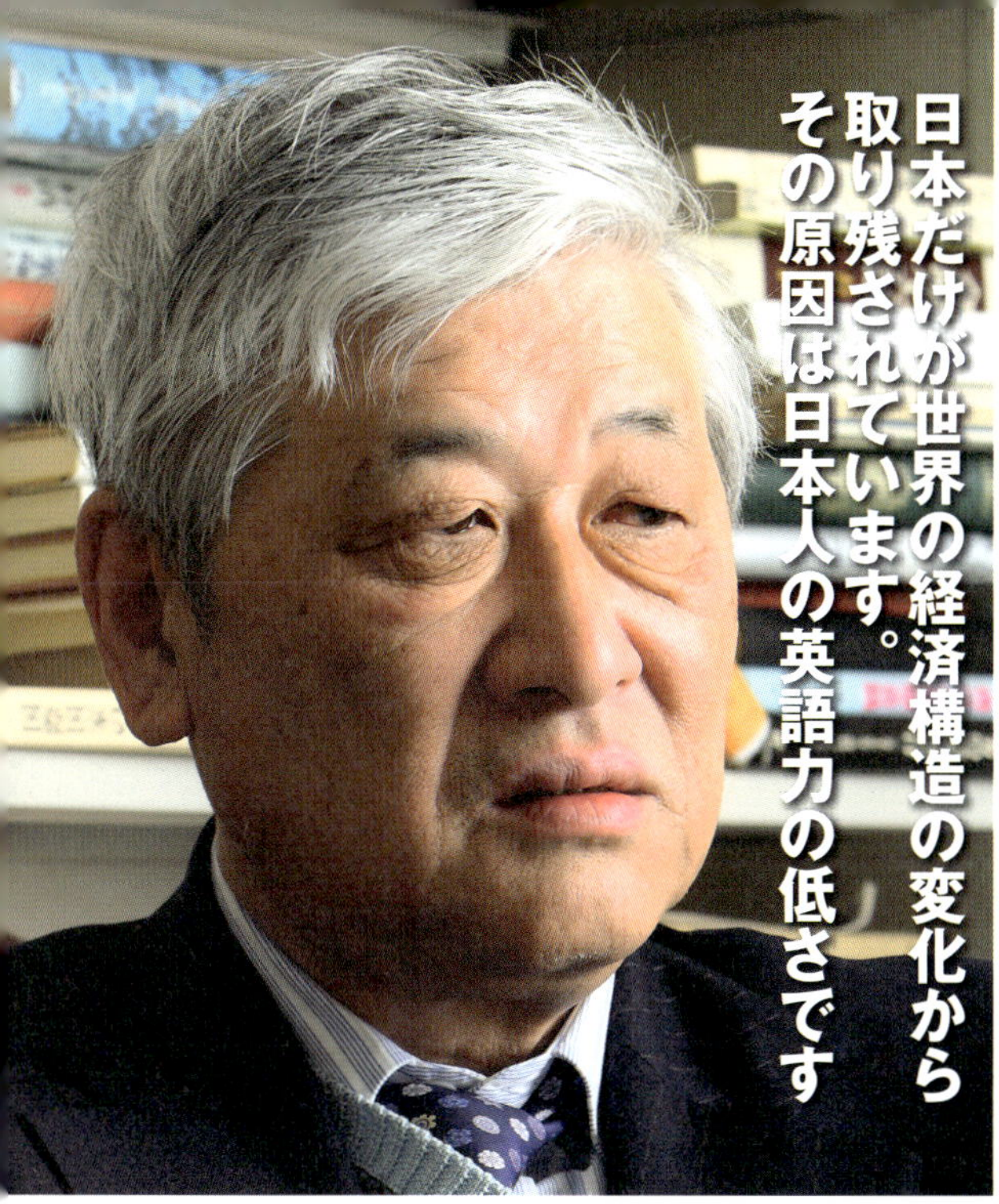
日本だけが世界の経済構造の変化から
取り残されています。
その原因は日本人の英語力の低さです

採用拭験の〝足切り〟に英語力を使う日本企業も

話が大きすぎてリアリティーがない……という向きには、こんな生々しい話もある。転職市場に詳しいリクルーターズ㈱社長の小松俊明氏はこう語る。

「生保業界のように、仕事ではもっぱら日本人を相手にする超ドメスティックな業界でも、外資に買収されて英語が急に昇進条件になる企業が出てきています。次長クラスの人が、英語ができないせいで部長に昇進できず、ある日突然リストラされたり、異動を命じられたりするのです」

また、純然たる日本企業にもこんな落とし穴がある。

「仕事で英語が必要なくても、中途採用の条件に英語力を加える日本企業が増えています。『どうせ採るなら英語ができる人を』という理由に加え、『多すぎる応募者をTOEICスコアなどで〝足切り〟して、事務処理の負担を減らしたい』という思惑もある。年齢制限は差別として問題になりますが、英語なら誰も文句をいいませんからね」

ヘッドハントの世界でも、「『仕事の実績も人間性も申し分ないのに……。英語さえできればねぇ……』というもったいない人が少なくない」という。

Q ウチの会社は、完全にドメスティック企業です。それでも英語を勉強したほうがいいですか?

前出のような話を聞くと、「これからは英語ができないとまずい!」と焦る。しかしそのあとで、こんな心の声が聞こえてくる人もいるのではないか。

「たしかに英語力があったほうがいいんだろうけど、いまの仕事や会社では必要ないし、今後も英語を使う機会は当分ないよな……」

完全に国内市場を相手にビジネスをしている企業(=ドメスティック企業)に勤める人でも、やはり英語は勉強すべきなのだろうか。

この問いについて前出の小松氏は、「むしろドメスティック企業に勤める人こそチャンス」だという。

「外資系企業では、TOEICで八六〇点取っても『それがどうした』です。ところが、英語のできる人が少ないドメスティック企業だと、『ちょっと英語を勉強している』というだけで希少価値が生まれる。『英語といえば○○さん』という評判が社内で広まりやすいのです。中国人観光客が大挙して押し寄せる昨今、どんなにドメスティックな企業でも今後は英語で仕事をする機会が多少は出てくるはず。そんなとき、年功序列の壁を破って、重要ポストに抜擢される可能性は大いにあります」

そこで多少なりとも英語を使った業務を経験しておくと、いざというときに転職市場で武器となる。

「数年前にリストラを行なった、ある日系自動車メーカーに勤めていた人の例ですが、この人はちょっとした海外とのやりとりの経験があった。そのおかげで英語力がそこそこ

ドメスティック企業に勤める人こそ、英語を勉強するメリットが大きい!

- ■周りに「英語ができる人」が少ないので、希少価値がある(少しできるだけでも、「一目置かれる存在」になれる)
- ■情報源が飛躍的に広がり、同僚とは違う情報を入手できる
- ■もしものときに、有利な条件で転職できる可能性が高い
- ■ある日突然、英語力が昇進条件になっても問題なし
- ■世界中に知人&友人ができ、人脈もプライベートも充実

でも外資系自動車メーカーに転職することができ、年収は一気に数百万円アップしました」

勉強はしなくてもいいが英語情報に触れることは必須

多くの日本企業で英語研修講師を務める安達洋氏も、「英語が必要とされていないときこそ、英語を学ぶ絶好のチャンス」と語る。

「社内でほんとうに必要になったときにはもう遅いんです。みんながあわてて勉強しはじめるので、できてもプラス評価になりませんから。英語は周りがその価値にまだ気づいていないときに、どれだけ先行投資できるかで勝負が決まる。企業の技術開発と同じです」

もう一つ安達氏が強調するのは、英語で情報収集することの効用だ。

「WEB上の情報はほとんど英語ですから、英語のサイトもチェックするようにすれば、仕事の情報源は飛躍的に広がります。なかには日本にもってくるだけで、そのままビジネスチャンスになるようなネタもある。これを活用しない手はありません」

量だけでなく、日本語と英語では情報のスピードの差も大きい。

「リーマン・ショックのとき、『フィナンシャル・タイムズ』などの英語メディアは、日本の新聞より約一週間早く警告を発していました。

『日本にいて外国人と接する機会は今後もない』という人であれば、英語の勉強はしないで、ほかで勝負するという手もあります。ただそういう人でも、英語の情報（サイトやメディア）をチェックし、情報感度を磨くことはやったほうがいい。TOEIC三百点の人でも、電子辞書を使えば、なんとなく雰囲気はつかめますから。それだけでも、『英語を完全にシャットアウトしている多くの同僚』とは、大きな差がつくはずです」

失敗を恐れずに、なんとか乗り切ることです

英語は自分の可能性を世界へと広げてくれる翼

また、英語ができるようになれば、情報の入手源だけでなく、製品の販売先も全世界へと一気に広がる。つまり、ビジネスの対象が人口一億二千万人の日本という狭い市場から、人口六十七億人の世界市場へと広がるのだ。

これはビジネスパーソン個人にもいえることだ。英語を使えれば、自らの雇用先は世界中に広がる。

人脈という面でも、いまやSNSの「Facebook」などを利用すれば、日本にいながらにして世界中に簡単に知り合いがつくれてしまう時代だ。それがたとえ仕事につながらなくても、共通の趣味や関心をもった友人が世界中にいるというのは、ワクワクすることではないか。

経済評論家の勝間和代氏に「英語を学んだことの最大のメリットは？」と質問すると、「日本では当たり前のことが世界では当たり前ではないとわかって、自分の思考の幅が飛躍的に広がったこと」という答えが即座に返ってきた。

自分の可能性や思考を、狭い日本のなかに閉じ込めず、世界へと広げてくれる翼――。そんなふうに英語を捉えてみてはどうだろう。

自分の思考の幅が飛躍的に広がりました

Q もう若くもないし、仕事もけっこう忙しい。海外留学や海外勤務は夢のまた夢……。そんな私でも「英語ができる人」になれますか？

今回、多くの方に取材するなかでわかったことがある。

それは、「英語ができる人＝英語がペラペラな人」ではない、ということだ。

たとえば、前出の安達氏が外資系商社に勤務していたときの上司は「カタカナ英語丸出し」だったが、英語でバリバリ仕事をこなし、英語が流暢なほかの上司よりも高い評価を受けていたという。

また、ゴールドラット・コンサルティング日本代表の岸良裕司氏も、「知っている単語をとにかくつなげ、あとは身振りや図を描いてなんとかする」という方法が、海外出張で見事に通用した体験談を語ってくれた。

つまり、ビジネスの場で求められる英語力のレベルは、それほど高くないのだ。

さまざまな話題が飛び交う日常会話と違い、ビジネスでは使われる単語は限られている。正確な発音ができなくても、仕事に支障が出ることはまずない。

「英語もパソコンと同じく仕事の道具。自分の仕事に必要なものだけマスターすればいいんです」（安達氏）

そう考えれば、年齢がもう若くないことも、海外留学＆勤務のチャンスがないことも、問題にはならない。ネイティブ並みの発音を身につけるには若いうちの海外生活が必要かもしれないが、前述のように「カタカナ英語」でまったくOK。

そもそも、英語は世界中の人びとがそれぞれの「お国訛《なま》り」で堂々としゃべっているからこそ、世界共通語たり得ているのだ。

「英語でビジネスができる人＝英語がペラペラな人」ではない

ビジネスパーソンには正確な発音をマスターする必要はない
映画の英語はいまだにわかりません。でも、仕事は問題なくできています
仕事で英語を使う場面というのは、3つくらいしかないんです

ビジネス英語なら、海外経験ゼロでも、何歳からでもマスターできる！

英語を学ぶ目的の明確化で勉強効率は飛躍的に高まる

一方、「仕事が忙しくて勉強の時間が取れない」というのは、たしかに多くの社会人が直面する問題だろう。だが、解決の方法はある。

通勤時間などのスキマ時間を活用することは当然として、とくに大事なのは「英語を学ぶ目的」を明確にすることだ。

たとえば、情報収集だけに英語を使う人ならばリーディング力さえ身につければ十分。「何のために英語を勉強するのか」をまず考え、そこから逆算して必要な英語力を特定すれば、それ以外はやらないという「手抜き」が可能になる。時間は最少で済むし、モチベーションの維持もラクになるわけだ。

とはいえ、「英語を学ぶ目的といわれてもピンとこない」という人も多いだろう。第一章では、海外経験ゼロで英語をマスターした人たちの体験談を多数紹介した。これを参考に、まずは自分のゴールを見定め、そのうえで目的に合った正しい勉強法を先人たちの成功例から学んでいただきたい。

一方、英語学習を始める決意をしたものの、教材や勉強法の選択肢が多すぎて戸惑っている方も多いはず。そこで第二章では、効率的な勉強のコツやTOEIC攻略術を、英語教育のカリスマから伝授していただいた。

さらに近年、インターネットの登場によって英語学習の環境は劇的に進化している。第四章ではWEBやデジタルツールを使った最新勉強法を紹介した。

本書を読み、熟慮を重ねた結果、「自分にはやっぱり英語は必要ない」という結論を出すのもありだ。どんなに効率的にやっても、英語習得までには、それなりの時間の投資がどうしても必要になる。

しかし、本書に登場された方はみな、「英語がなければ、今日の自分はない」と口を揃えていた。

「本書をきっかけに英語の勉強を始め、人生が好転しました」

近い将来、そんな喜びのお便りを、読者の皆さんからいただけることを楽しみにしている。

徹底検証!

海外経験ゼロでも「英語ができる人」の勉強法 1

話す訓練や正確な発音はビジネスパーソンには必要ない!

「聴く」に徹するのが実用英語習得への近道だ

間違った方法で勉強したら、いつまでも上達しません

野口悠紀雄

早稲田大学大学院教授

Yukio Noguchi

1940年、東京都生まれ。東京大学工学部卒業、大蔵省に入省。72年、エール大学Ph.D.（経済学博士号）取得。その後、一橋大学教授、東京大学教授、スタンフォード大学客員教授などを経て、2005年より早稲田大学大学院ファイナンス研究科教授。著書に、『「超」整理法』（中公文庫）、『「超」勉強法』『「超」英語法』（ともに講談社文庫）、『図解「超」英語法』（講談社）ほか多数。

取材・構成：前田有香　写真撮影：丸谷裕一

「正式な英語」だけを集中して学べばよい

『「超」整理法』『「超」勉強法』などの著作で、日本人がとらわれがちな常識を覆し、より効率的な仕事や学習の方法論を提唱してきた野口悠紀雄氏。英語学習についても著した『「超」英語法』においても、そのスタンスは変わらない。

ここでは、「多くの日本人は、誤った思い込みに基づいて英語を勉強している」と断言する野口氏に、正しい英語勉強法を指南してもらった。

＊

――そもそも、社会人が「海外経験ゼロ」で英語をマスターすることは可能なのでしょうか。

野口　仕事に必要な範囲の英語ということなら、十分可能です。特別な才能が必要なわけでもないですし、年齢の制限もありません。

――しかし、多くの社会人が英語学習にお金と時間を費やしているのに、英語を使えるようになっている人は非常に少ないですよね。

野口　それは、勉強の仕方が間違っているからです。間違った方法で勉強していたら、どんなに時間をかけても上達しません。

――英語の勉強で多くの人が陥っている間違いは何ですか。

野口　一つは、英語を勉強する目的

英語は12種類に分けられるがすべてを勉強する必要は無い

	インプット		アウトプット	
	聴く listening	読む reading	話す speaking	書く writing
専門的 professional	・専門家の会議で議論	・専門書や論文を読む	・専門家の会議で議論	・論文を書く
正式 formal	・ラジオやテレビのニュースを聴く ・空港や駅でアナウンスを聴く	・新聞、雑誌を読む	・会議で発言する	・ビジネスメールを書く
非正式 informal	・映画やドラマを観る ・友人との会話 ・街の生活	・くだけたメールやブログを読む	・友人との会話	・くだけたメールを書く

母国語ではあまり気にならないが、外国語を勉強する場合には「正式」と「非正式」の違いが大問題となる。「正式な英語」を聴き取るのはラクだが、「非正式な英語」を聴き取るのは非常に難しい。また、仕事で必要になるのはむしろ「専門的な英語」のほうが多いので、ビジネスパーソンが「非正式の英語」の習得に時間と労力を費やすのは得策ではない。

「正式な英語を聴く」訓練に集中しよう!

資料：野口悠紀雄監修『図解「超」英語法』（講談社）をもとに、編集部が作成

が曖昧なまま、「なんとなく」勉強を始めてしまうことです。

じつは、「英語」といっても、さまざまなものがあります（上図を参照）。そして、英語を使う目的によって、必要になる英語や勉強法は大きく異なるのです。

たとえば、ビジネスで必要になるのは、たいてい「正式な英語」。具体的には、ラジオやテレビのニュースで使われる英語や、駅や空港のアナウンスで使われる英語ですね。普通の仕事であれば、これさえ聴き取れるようになれば十分。スラング（俗語）のような非正式な英語が聴き取れなくても、支障はありません。したがって、スラングの勉強はしなくていいのです。

――まずは、「自分が何のために、どの英語を学習するのか」を明確にすべきだ、ということですね。

野口　そうです。社会人は英語の勉強のほかにもやることがたくさんありますから、あらゆる英語を勉強するのは不可能。目的を明確化することで、「どこに注力すべきか」と、「どこで手抜きができるか」を、まず見極めることが重要です。

聴けるようになればほぼ自動的に話せる

――では、「英語は仕事のための道具である」と考えた場合、どこに注力すればいいのでしょうか。

野口　先ほどいった「正式な英語」のなかでも、とくに「聴く＝リスニング」の訓練に集中すべきです。「英語ができる＝英語を流暢に話せる」という思い込みも、多くの日本人が陥っている間違いです。

――話せないと、コミュニケーションが成り立たないのでは？

野口　考えてみてください。実際に英語が必要とされるのは、どんな場面ですか？　よく英会話学校では自己紹介の仕方を教えていますが、実際のビジネスシーンで長々と自分のことを語る機会なんてそうそうないでしょう。それよりも、会議やセミナーなどに出席して、ほかの人の話す英語をただひたすら聴いているということがほとんどではありませんか。

一対一の会話にしても、話すよりも前に、相手のいっていることがわからなければ始まりません。海外旅行でも、会話集などをみれば、「駅にはどうやっていけばよいか？」と質問することはできますが、返ってきた答えが聴き取れなければ意味がないでしょう。それに聴けるようになれば、ほぼ自動的に話せるようにもなります。

――そんなまさか！

野口　会議でも、相手が話すことを完全に聴き取ることができれば、「このテーマについては、こういう

「英語ができる＝英語を流暢に話せる」という思い込みは、多くの日本人が陥っている大きな間違いです。

表現を使って話せばいいのか」ということがわかる。そうすると、相手の言葉を真似したり引用したりして、なんとか自分の意見をいえる。この「聴ければ話せる」ということはなかなか信じてもらえないのですが、私の経験上間違いなく事実です。

――でも、プレゼンのように、一人で一方的に話さなければいけない場合もありますよね。

野口　プレゼンテーションなら事前にいろいろと準備ができますし、当日も自分のペースで話せばいい。つまり、話すのは、自分でコントロールできる部分が多いからなんとかなる。

ところが、聴くのは受動的な行為なので、自分ではコントロールができません。相手は何を言い出すかわかりませんし、講演であれば「もう少しゆっくり話してください」と頼むわけにもいかない。だから、少なくとも普通の速さの英語は、聴き取れるようにしておかなければいけないのです。

――具体的には、どのように聴く訓練をすればよいのでしょうか。

野口　ビジネスパーソンなら、通勤時間を活用すべきでしょう。

音源は、いまならネット上でスクリプト付きのものを無料でいくらでも拾うことができます。「正式な英語」で話されているものならなんでもいいですが、ニュースがとくにお勧めです。演説も面白いのですが、スピードが遅いので。あとは、同じ音源を二十回は繰り返して聴くようにしましょう。最初は意味がわからなくても、だんだんと聴き取れるようになります。

このとき注意すべき点が一つだけあります。それは「決して日本語に訳してはいけない」ということです。英語を聴いたら、英語のまま理解しようとしてください。いちいち日本語に翻訳して理解しようとすると、話についていけません。「速くて聴き取れない」のは、訳そうとするからなのです。

日本の学校では、「英語を読んで、日本語に訳す」という教育法が一般的です。だから日本人は、英語を聴くと無意識に訳そうとしてしまう。でも、英語と日本語はそもそも違う言語ですから、一言一句を置き換えることはできません。

「r」と「l」を間違えても問題になることはない

――聴く訓練以外に、ビジネスマンが注力すべきことは何ですか。

野口　仕事の分野ごとの専門用語や表現法を覚えることです。それさえ知っていれば、同じ分野の相手とはかなりの意思疎通ができます。逆にどんなに難しい単語を覚えている人でも、専門用語を知らなければ、仕事になりません。

――逆に、「手抜き」をしてよいのは何でしょうか。

野口　先ほどもいったスラングと、正確な発音ですね。私自身の経験では、rとlの発音を聴き間違えたために重大な問題が起きたことは一度もありません。実際の会話では、言葉は文脈のなかで理解している場合が多いですから。

――もう英語学習に関して勘違いしていることはないですよね。

野口　手軽に英語がうまくなる方法なんてない、ということも、よく頭に入れておいてください。外国語を支障なく話せるようになるには、約四千時間の学習時間が必要といわれています。多くの人は学生時代に二千～三千時間は勉強しているので、あと千～二千時間は勉強する必要がある。これを短縮することは絶対に不可能です。

そこで大事になってくるのが、いかに飽きないようにするか。

それにはやはり自分が面白いと思えることを勉強するのがいちばんでしょう。映画が好きなら、洋画のDVDを観て勉強してもいい。スラングを多用するような作品は避けるべきですが、アメリカ映画でも一九六〇年代以前のものなら、セリフの多くが「正式な英語」です。「ローマの休日」でアン王女が使う英語などはその代表例ですね。

ネイティブ並みをめざすのは費用対効果がよくない勉強法だ！

自分に必要な英語とは何かを最初に決める

海外経験なし。最初に受けたTOEICは四百二十点でした

勝間和代
経済評論家

Kazuyo Katsuma
1968年、東京都生まれ。慶應義塾大学商学部卒業。早稲田大学ファイナンスMBA。当時、最年少の19歳で公認会計士二次試験を突破。監査法人、チェース銀行、マッキンゼー、JPモルガン証券を経て独立。現在、㈱監査と分析代表取締役。2005年、『ウォール・ストリート・ジャーナル』誌から、「世界の最も注目すべき女性50人」に選ばれる。2009年、「世界経済フォーラム（ダボス会議）Young Global Leaders」に選出。著書に、『国民の選択　勝間の視点』（ＰＨＰ研究所）ほか多数。

取材・構成：前田はるみ　　写真撮影：村上めぐみ

映画の英語はいまだによく聴き取れない

洋書を自在に読みこなし、海外の著名人にも英語でインタビュー――。

勝間和代氏というと、「英語が堪能」というイメージがあるが、意外にも海外留学をしたことは一度もなく、長期間の海外勤務経験もないという。まさに「海外経験ゼロで、社会人になってから英語をモノにした人」なのだ。その勉強法を是が非でも聞きたいと思うのは、われわれだけではないだろう。

＊

――大学卒業後、外資系企業に入社されたとき、すでにある程度英語が使えたのですか。

勝間　いいえ。私は会計士として入社したので、英語はまったくダメでした。入社して受けさせられたTOEICは四百二十点。英語で書かれた社内報も全然わかりませんし、外国人の同僚からは「何をいっているのかさっぱりわからない」といわれる始末。これでは仕事に支障が出ると思い、必要に迫られて英語の勉強を始めました。

――それは意外でした。

勝間　じつはいまでも発音はうまくありません。聞き返されることはなくなりましたが、いまだに明らかに日本人の英語です。それに映画も、コメディーのように口語英語が飛び交うものは聴き取れない部分も多く、字幕なしでは正直よく理解できません。普段、ビジネスに関する英語を使うことがほとんどなので、ビジネス英語であれば読み書きも会話も苦もなくできるのですが。

――それ以上に発音をよくしようとはしなかったのですか。

勝間　少しだけやってみたのですが、費用対効果が悪いのでやめました。発音に関しては、相手に聞き返されない程度の発音が身につけば問題ないですし、日本語で論理的に話すことができる人であれば、英語が多少たどたどしくても言いたいことは通じるんですね。

英語はあくまでも「コミュニケーションの道具」ですから、ネイティブ並みをめざすよりも、自分がいちばん必要で得意な分野に絞って学習したほうが得策だと思います。それが、私の場合はビジネスシーンだったのです。

ヒアリング力を高めたい人に最適！

“勝間流”オーディオブック勉強法

なぜ、オーディオブックか？

- 講演やスピーチに比べて、英語が聴き取りやすい
- 聴くたびに新たな「気づき」があり、飽きにくい
- 英語の勉強とビジネスの勉強を同時にできる
- 満員電車のなかでも、歩いているときでもできる

初心者は何を聴けばいいか？

- もともとの中身を知っているもの（日本語版を読んだことがあるもの）
- ボキャブラリーがやさしいもの
- 読み方のスピードがゆったりしたもの

例：『チーズはどこへ消えた？（Who Moved My Cheese?）』

※オーディオブックには、完全収録の「Unabridged版」と、要約をした「Abridged版」がある

どのように聴くか？

- 1日1時間、3カ月〜半年間聴き続ける
- 困ったときは、原文の本（洋書）をみる

（紙の本とCDを合わせて2,000〜5,000円。それで3〜10時間の英語が入っているので、教材と考えれば安い）

注）より詳しい活用法に関しては、勝間氏のブログ「CD、テープを聴いて勉強しよう!!」を参照
資料：勝間和代氏への取材をもとに、編集部が作成

社会人になってから勉強するセカンドランゲージの場合、ネイティブ並みの発音や口語表現を習得するのはまず無理。でも、仕事の道具としての英語であれば、誰でも何歳からでもマスターできます。

単語力が上がるとヒアリング力も上がる

――勝間さんは、実際にどのような方法で勉強したのですか。

勝間　英会話学校に週に三〜四回通っていました。平日の朝、学校で四十分ほど勉強し、そのまま出社するのです。朝は生徒の数も少ないので、グループレッスンでも発言の機会が増え、効率よく勉強できたと思います。

――英会話学校のほかに、自分でやっていたことはありますか。

勝間　耳で聴く勉強を併用していました。電車に乗っているときや街を歩いているときなど、耳を使えるスキマ時間は一日のなかにけっこうありますからね。

――何を聴いていたのですか。

勝間　TOEICの点数アップという意味で役立ったのは、アルクの「TOEIC七百三十点コース」。これを通勤電車で聴いていたら、ほんとうに一年で七百三十点を超えるようになりました。

それ以外でよく聴いたのはオーディオブックです。プロのナレーターが朗読しているので、とても聴き取りやすいんですよ。著者自身がナレーターをやっているものもありますが、それでも講演よりは聴き取りやすい。講演やスピーチは英語にクセがあるものが多いので、初心者にはお勧めしません。

オーディオブックは、好きな内容を選べば飽きがこないのもいいですね。私自身は、主にマーケティングや経済分野のオーディオブックをよく聴いていました。

――最初はうまく聴き取れないのでは、という不安もありますが。

勝間　もちろん、自分がある程度は聴き取れるレベルのものを聴かないと、つまらないですよ。入門としては、①もともとの中身をよく知っていて、②ボキャブラリーがやさしく、③読み方のスピードもゆったりしたものが向いているでしょうね。たとえば、『チーズはどこへ消えた？（Who Moved My Cheese?）』などは、分量も多くなくて初心者にお勧めです。

――聴き続けていれば、あるとき突然わかるようになるのですか。

勝間　突然わかるようになるというよりは、徐々にでしょうね。相手のいっていることがすべてわかるわけではありませんが、意味が取れるようになってきます。

ただし、知らない単語は何百回聴

いても聴き取れるようにはなりません。私がコメディー映画の英語を聴き取れないのも、映画のなかで使われているボキャブラリーと、私のもっているボキャブラリーが違うから。ですから、ヒアリング力を高めるには聴く訓練と並行して、ボキャブラリー力を高めることがどうしても必要です。

――単語量を増やすには、どのような方法がいいのでしょうか。

勝間　単語を単独で覚えるのではなく、フレーズで覚えるのがポイントです。文脈での使われ方を含めて理解する必要があるからです。私の場合は、基本例文がひたすら収録してあるテープを聴き続けました。ここでも、例文を読んで覚えるよりも、耳で聴きながら覚えることが大事だと思います。

勉強のモチベーションが持続しないのはなぜか？

――「なるべく短時間でマスターしたい」という人が多いのですが、何かいい方法はありませんか。

勝間　英語の勉強で大事なのは、とにかく勉強量を増やすこと。スポーツの上達と同じで、夢のような方法は残念ながらありません。トータル千時間を目標に、最低でも一日一時間以上は勉強に費やすべきです。週に一度だけ学校に通ったとしても、千時間になるまでには何年かかりますか？　これではおそらく一生やっても身につかないでしょうね。

――そうなると、モチベーションを保つのがたいへんそうです。

勝間　英会話学校に通ったり、強制的に時間を決めて勉強する環境をつくったほうがいいですね。

英語の勉強について私がつねづね思うのは、「優れた勉強法や教材はすでに世の中にいくらでもある」ということ。英語が身につくかどうかは結局、意欲や動機次第なのです。

実際、私が英語をマスターできたのも、使えるようにならないと仕事にならないという必要性があったから。モチベーションが続かないという方は、「自分に英語がほんとうに必要か」「英語を習得してどうなりたいのか」と、一度自分に問うてみてください。

――それがわからないから、悩んでいる読者も多いのですが……。

勝間　じゃあやめたほうがいいですね。「なんとなく英語ができるようになるといいな」では、絶対にできるようになりません。

――そうおっしゃらずに……。

勝間　英語ができれば、情報や製品の入手源も、製品の販売先も、そして自分の雇用先も全世界へと一気に広がります。つまり、ビジネスの対象が人口一億二千万人の日本という狭い市場から、人口六十七億人の世界市場へと広がるわけです。日本語を使える人だけを相手にしている個人や企業と比べて、顧客の数が違うので収入は当然高くなります。

一定以上のレベルをめざすビジネスパーソンなら、英語は絶対に勉強すべきですね。

ビジネス英語（＝仕事の道具としての英語）であれば、誰でも何歳からでもマスターすることができます。

三十代以上のビジネスパーソンは「弥《び》縫《ほう》策」で乗り切ればいい！

仕事周辺で必要となる表現に絞って勉強する

留学経験なし。勉強を本気で始めたのは三十一歳からです

村上憲郎

村上憲郎事務所代表
前グーグル日本法人名誉会長
元グーグル米国本社副社長兼日本法人代表取締役

Norio Murakami

1947年、大分県生まれ。70年、京都大学工学部を卒業後、日立電子㈱に入社。78年、日本DEC㈱に転職。その後、データベースソフト大手のインフォミックスソフトウェア㈱の副社長兼日本法人社長、カナダの通信機器会社のノーザンテレコムジャパン社長などを経て、2003年、グーグル副社長兼日本法人社長に就任。2009年より名誉会長。2011年退任し、村上憲郎事務所を設立。著書に、『村上式シンプル英語勉強法』『村上式シンプル仕事術』（ともにダイヤモンド社）がある。

取材・構成：川端隆人　写真撮影：遠藤宏

仕事で英語を使う場面は三つぐらいしかない

前グーグル日本法人名誉会長の村上憲郎氏は、三十代になってから独学で英語をマスター（海外留学経験もなし）。その後、外資系企業で活躍し、グーグル日本法人のトップにまでなったという経歴の持ち主だ。

著書『村上式シンプル英語勉強法』（ダイヤモンド社）では、「読む」「単語を覚える」「聴く」「話す」「書く」の五要素をみっちりと鍛えあげる勉強法（P.27の図を参照）を公開している。

そんな村上氏は、英語学習に多くの時間を割けない多忙なビジネスパーソンには、いったいどんな勉強法を勧めるのだろうか。

＊

――ご著書に書かれている英語勉強法を、すべて実践するのはなかなか難しいと思うのですが……。

村上　二十代の人に対しては、「一日三時間、睡眠時間を削ってでもやれ」といいたいですね。二十代の人はこれから三十年以上働いていくわけです。英語を勉強しないということは、「今後三十年以上、自分は英語ができないビジネスパーソンとして生きていく」というキャリアパスを選ぶということ。日本にいると気がつかないかもしれませんが、これは正直そうとうリスクの大きい、覚

必要なことしかやらない “村上流”シンプル勉強法（＆お勧め教材）

仕事の周辺で使う会話に絞って英語を学ぼう

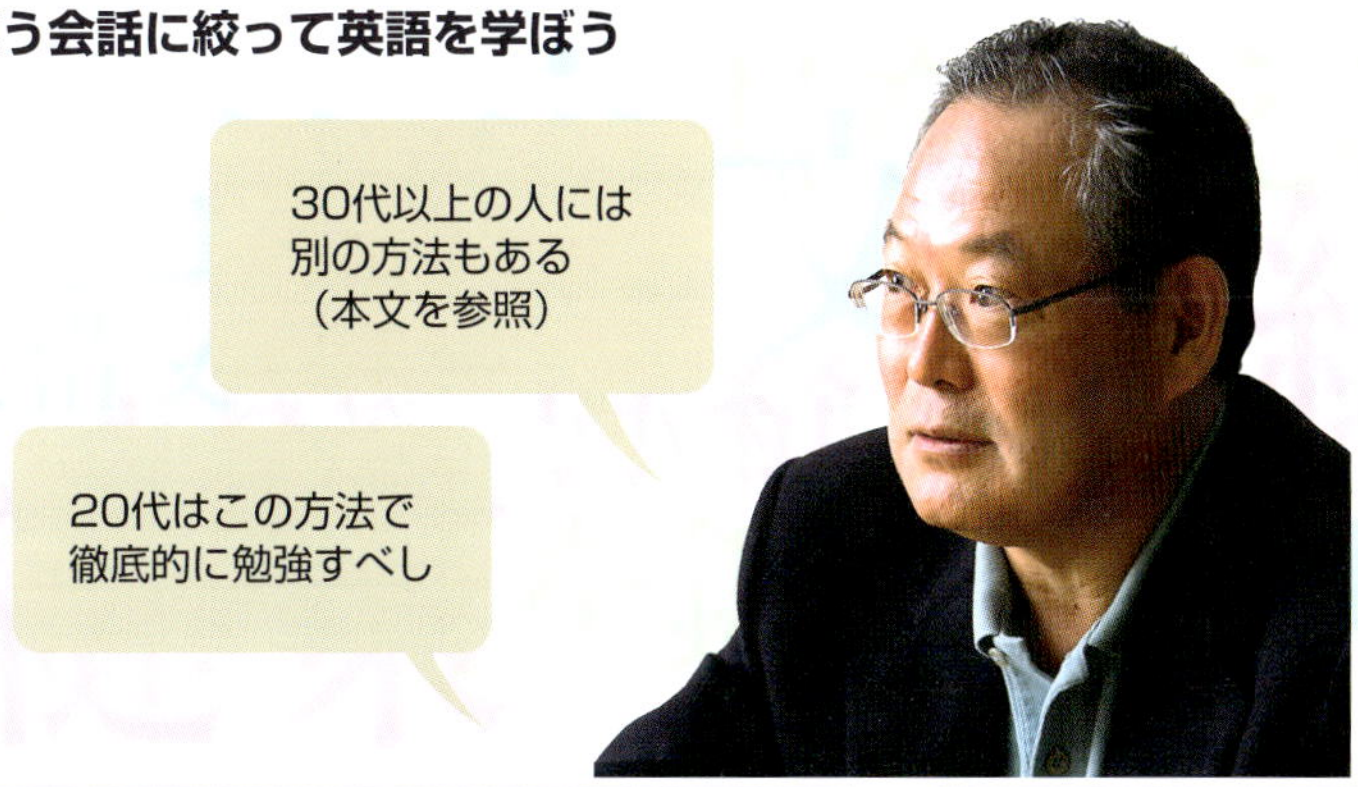

読む reading

『超・英文解釈マニュアル』（研究社）。「文の先頭12パターン」を頭に入れておくと、スムーズに読める

まずは小説10冊、またはノンフィクション5冊を目標に

300万語読めば、誰でも“英語で読める”ようになる。「いきなり300万語はキツイ」という人は、まずは100万語（小説なら約10冊、ノンフィクションなら約5冊）を目標にしよう。読む際は、1パラグラフを一気に読むこと。後戻り＆息継ぎは禁止。わからない単語があっても、辞書で調べたりしない（単語を覚える訓練は別途やる）。初心者には会話の多い「探偵小説」がお勧め。村上氏のイチ押しは、ロバート・B・パーカーの『スペンサーシリーズ』。

単語 word

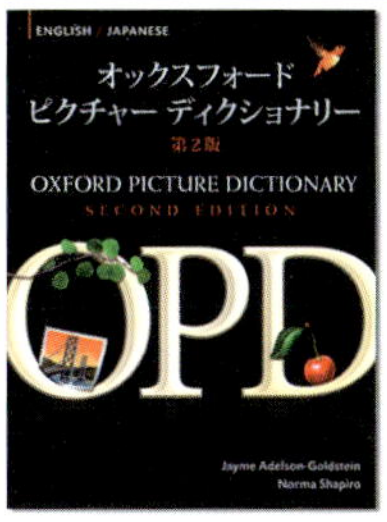

約3,700語を収録した英絵辞典『The Oxford Picture Dictionary』（Oxford University Press）。単語力に自信のない人はこれから

単語集を毎日“眺める”丸暗記はしない

まず、アルクのウェブサイトにある「レベル診断テスト 単語編」などで自分の単語力を測り、現在のレベルに合った単語集を選ぶ。そうしたら、それに載っている単語全部を毎日ただひたすら眺める。丸暗記はしない。また、単語カードやマーカーも使わない。スキマ時間に、とにかく単語をみる習慣をつける。最終的な目標は、1万語覚えること。

書く writing

「英作文」は無理 「英借文」しかない

日本人には英作文はできない。そこで、ネイティブの書いたレポートやメールから、文書をコピー＆ペーストして自分なりにアレンジする。つまり、英作文をあきらめ、「英借文」に徹すること。日ごろから、自分の仕事に関係する分野のブログやニュースなどをチェックし、「これは、いつか使えそうだな」という文章や言い回しをストックしておこう。

聴く listening

トータル1,000時間 筋トレ感覚で聴く

リスニング力は知力ではなく「耳の筋力」。毎日聴き続けて鍛えるほかない。1日1時間を3年続けてトータル1,000時間聴けば、誰でも英語を聴き取れるようになる。聴くときは、テキストをいっさいみないこと。また、耳に負荷をかけて筋肉を鍛えるのが目的なので、ゆっくりやさしい英語はダメ。「100％聴き取れなくても先に進む」のが楽しく続けるコツ。

話す speaking

『これで話せる英会話の基本文型87』（ベレ出版）は、基本の5パターンを身につけるのにお勧め

5パターンの基本表現と100の話題を丸暗記

日常の英会話では、「挨拶」「依頼する」「質問する」「意思を伝える」「相手の意向を聞く」の5パターンの基本表現を覚えておけばまず問題ない。ただパーティーや会食のときなどはもう少し応用が必要になる。そこで、「自分および自分の関心事に関する100の文章」をあらかじめ英借文でつくり、丸暗記しておく。こうすれば、2時間は会話が十分もつ。

資料：村上憲郎著『村上式シンプル英語勉強法』（ダイヤモンド社）をもとに、編集部が作成

悟が必要な選択ですよ。自覚している人は少ないですけどね。

ただ三十代以降、とくに四十代、五十代の人となると話は別。仕事も忙しくなってくるだろうし、なかなかたいへんだとは思います。

――「一日三時間はとても無理」という読者は多いと思います。

村上 となると、なんとか「弥《び》縫《ほう》策（欠点を一時的に取り繕《つくろ》って、間に合わせるための方策）」で乗り切るしかない。三十代になれば、すでにビジネスパーソンとしての実績や経験はある程度積んできているはず。それを足がかりに、仕事の周辺で使う会話に絞って英語を学ぶという手です。

そもそも、仕事で英語を使う場面というのは、だいたい三つくらいしかないんです。

一つ目は「カクテル」。要するに飲み会です。会社を代表して参加しているパーティーや食事会などで、なんとか外国人と会話を成立させなければいけない。

このときは、どんな話になっても、事前に用意しておいた「自分に関する百の話題」にもっていく、というのがいちばんいい作戦です。

いきなり英語で何か話せといわれたって、話せるわけありません。そこで、事前に自分の仕事、趣味、家族、出身地などの話題を百個ぐらい考える。そしてそれらを、「英借

『英語ができない人として生きていく』という選択は、これからの時代にはそうとうリスクの大きい選択になります。

文」で英語にしておくんです。

——英作文ではないんですね。

村上　英作文は日本人には無理です。私自身、いまだに自分の書いた英語が正しいかどうか、自信がありません（笑）。ですから、英会話のテキストなどから例文を借りて、固有名詞や数値を入れ替える。そのほうが速いし、正確です。

こうしてつくった「自分に関する百の話題」を丸暗記しておく、そしてどんな話題でも強引にそっちにもっていく（笑）。そうすれば、「カクテル」で二時間はもちます。

仕事で英語を使う場面の二つ目は、「プレゼン」。これも事前に準備しておくことができます。

日本語でプレゼンをする機会はいくらでもあるでしょうから、まずはそれを録音しておく。これを聴き直して、やはり「英借文」で英語化するのです。プレゼンで使う単語や言い回しは決まっていますから、十分暗記できます。

そして三つ目の場面は「会議」です。これも、基本的なやり方は「プレゼン」と同じです。日本語の会議を録音するところから始める。それを文字に起こせば、自分が会議で使う表現がわかる。そうしたら、「英語では何というのか」を調べて、覚えておきます。

会議での発言は大きく分ければ、「賛成」「反対」「それぞれの理由」の三つぐらいですから、あとは会議によく登場するビジネス単語さえ覚えれば、会話に加われるでしょう。ビジネス単語に関しては、たくさんテキストもありますしね。

——なるほど。それなら実行できそうです。

村上　実際、さほど難しいことではないはずです。というのは、三十代以上の人なら日本語で自分の仕事について説明できる力は身についているから。それを英語に置き換えるというだけのことです。

——「弥縫策」に加えて、何か一つやるとすれば？

村上　リスニングです。これは耳を鍛える「筋トレ」のようなもの。どうしても若いほうが有利で、三十代以降の人の弱点になりやすい。一日三時間は無理でも、一日一時間×三年間、合計千時間のヒアリング訓練をなんとかやってほしいです。

この「弥縫策」＋αで乗り切れた人は、英語習得への道が開けてきます。逆にいうと、ここを突破できない人が多い。言い間違えたり、つっかえたりで恥ずかしい思いをして、「英語は嫌い、外人も嫌い」になってしまう。失敗を恐れずに、なんとか乗り切ることです。

英語ができない危機感をもてないこと自体が問題

——英語を学ぶうえで、「やる気が持続しない」という悩みをもつ人は多いです。何かいいアドバイスはありませんか。

村上　厳しい言い方ですが、危機感が足りないのでしょう。いまお隣の中国では日本の十倍の人口が、戦後日本の三倍の速さで経済発展を遂げています。今後、その影響を受けないはずがありません。

じゃあ中国語をやればいいかといえば、そうではないんです。中国人も必死に英語を勉強しているんですよ。韓国も小学校三年生から英語は必修科目にしています。

これからの時代は、世界六十七億の人びとが「英語のできる人」と「英語のできない人」に二分化していく時代です。

「いま必要ないから」といって英語の勉強を怠っていると、いつ大きな渦に巻き込まれるかわかりません。「自分の職種がまさか……」と思っていても、気がつけば英語ができないと給料が上がらないという状況になっているかもしれない。

そういう危機感をもてないということ自体が問題だ、という意識をもつべきです。

——厳しい現実ですね……。最後に、何か希望のもてるメッセージをいただければ。

村上　二〇〇〇年ごろ、私と同世代の日本人で、「マネジメント経験があって、コンピュータがわかる」という人は十万人以上いたでしょう。ところが「英語ができる」という条件をつけただけで数百人にまで減った。自分の専門性に英語を組み合わせれば、新たな可能性が開けるのではないでしょうか。

徹底検証！

海外経験ゼロでも「英語ができる人」の勉強法 4

仕事に必要な英単語をウェブでひたすら覚える

ビジネス英語の勉強は、「いかに効率的にやるか」がポイントだ！

成毛 眞

㈱インスパイア取締役・ファウンダー

Makoto Naruke

1955年、北海道生まれ。中央大学を卒業後、自動車部品メーカー、㈱アスキーなどを経て、86年、マイクロソフト㈱に入社。91年、同社代表取締役社長に就任。2000年、同社を退社し、投資・事業開発コンサルティング業務を行なう㈱インスパイアを設立。2008年8月より現職。

最近読んだ本の感想などが紹介されている個人ブログ（http://d.hatena.ne.jp/founder/）は必読だ。

取材・構成：山口雅之

「リスニングやスピーキングの勉強をする時間があるなら、そのぶん英単語を覚えたほうがいい」

㈱インスパイアの成毛眞氏はそう言い切る。

「英語を聴いたり話したりするのは、アメリカなら二歳児でもできます。でも、二歳児にはマーケティングの話はできないでしょ。それはマーケティングに関する単語を知らないからです」

そう、ビジネス英語で大事なのは、仕事に必要な言葉を英語でいえることなのだ。それなのに、なぜか日本人は単語を後回しにして、幼児語を流暢《りゅうちょう》に話せるようになろうとするような、的外れな努力ばかりしているという。

しかし、ほんとうに単語がわかるだけで大丈夫なのだろうか。

「ラテン語などと違い、英語はそれほど複雑な言語ではないので、単語をつないでいくだけで自分の言いたいことはだいたい伝わりますよ」

まず、重要なキーワードを最初にいって、あとはそれを中学生レベルの文法や構文を使って修飾していけば十分通じるから心配ない、と成毛氏。

「とくに、ビジネス英語は学問ではなくあくまで道具ですから、できるだけ効率的にマスターすべき。そのためには、いかに手を抜くかが大事です」

そこで、効率的なボキャブラリー増強法を聞くと、「英単語はウェブで覚えるのがいちばん」とのこと。

「シェークスピアを読んで、この先一生使わない単語を覚えるのは愚の骨頂。必要なのはいま使われている言葉。テキストとしては、CNNや『ニューズウィーク』のサイトが最適です。アメリカではいずれも中間層向けのメディアなので、内容も難しくありません。それらをポップアップ辞書（右図参照）を使いながら読めば、頻出する重要単語ほどすぐに記憶できてしまう。いちいち単語帳をつくるような無駄なこともしなくていいのです」

ただ、それでは自分の言いたいことは伝えられても、相手の話を聴き取れない不安は拭《ぬぐ》えない気もするが……。

「わからなければ、『わからない』『もっとゆっくり話して』と遠慮なくいえばいいんです。それでもわかるように話してくれないなら、あなたと一緒にビジネスをする気がないということ。これは英語以前の問題です」

同様に、相手に話を聴く気があれば、こちらの言葉を必死で理解しようとするので、発音が悪くても問題ないそうだ。ただし、別の意味で発音の勉強も少しはしたほうがいいという。

「いかにも英語らしく発音できるとカッコいいじゃないですか。カッコよくしゃべれると、自分の英語に自信がもてて口調も堂々としてくるもの。だから、この人はカッコよく話すなと思う人の真似をするのはいいと思います」

成毛式ボキャブラリー増強法

○ ポップアップ辞書を使いながら気になるWebサイトをチェック

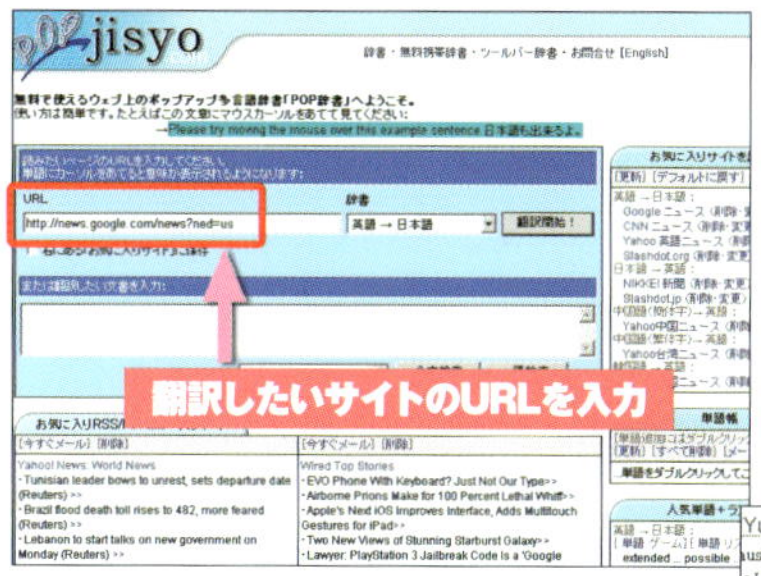

ポップアップ辞書は、サイトの英単語にカーソルを合わせると、その日本語訳をポップアップで表示してくれるというもの。左はその一つである「POP辞書.com」のトップ画面。まず、赤い線で囲んだ部分に翻訳したいサイトのURLを入力

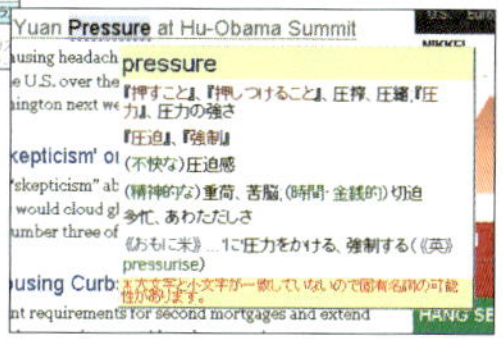

すると、単語にカーソルを合わせるだけで、自動的に日本語訳が表示されるようになる。「辞書を引く手間が省けてラク。ボキャブラリーもどんどん増えます」（成毛氏）

× 紙の辞書を使う
単語集を買って勉強
単語帳をつくって暗記

「紙の辞書は重いし、引くのも面倒。単語集で、一生で一度も使わないような英単語を必死に覚えても意味がありません。また、わざわざ単語帳をつくらなくても、Webチェックで何度も目にするような単語は自然と覚えます」（成毛氏）

資料：成毛眞氏への取材をもとに、編集部が作成

「ディクテーション」に勝る英語勉強法はない！

五分の英語ニュースを書き取る訓練を繰り返す

廣瀬禎彦
121works合同会社代表

Sadahiko Hirose
1943年、島根県生まれ。慶應義塾大学大学院工学研究科修士課程修了。69年、技術者として日本IBM㈱に入社。82年、都市銀行担当営業所長。米IBM本社への出向、広報・宣伝部長などを経て、91年、西部営業統括本部長に。96年、同社を退社し、㈱アスキー専務に就任。その後、98年、㈱セガ副社長、99年、アットホームジャパン㈱（現・アットネットホーム㈱）社長、コロムビアミュージックエンタテインメントCEOを歴任し、2010年より現職。

取材・構成：山口雅之

コロムビアミュージックエンタテインメント（現：日本コロムビア）㈱の廣瀬禎彦社長は、日本ＩＢＭの技術者としてそのキャリアをスタートしてから今日まで、英語で不自由を感じたことはないという。

　といっても、海外留学経験があるわけではない。大学時代、在日米軍向けのラジオであるＦＥＮ（現・ＡＦＮ）の定時ニュースをテープに録音し、繰り返し聴いてノートに書き取るという方法（ディクテーション）で、それだけの英語力を自分のものにしてしまったのだ。

　五分のニュースを、四十五分以内にすべて正確に書き取れるようにする――。これは他国の言語をマスターするときの基本的な学習方法の一つで、このとき大事なのは、たんに聴き取るだけではなく、必ず書くということ。

「耳というのはかなり曖昧《あいまい》な知覚器官なので、聴くだけでは覚えられません。記憶に定着させるためには、手を使って書く作業を同時にやることが不可欠。こうすると、聴く力はもちろん、単語、文法、構文なども身につきます」

　しかし、五分で話される単語数は約千八百。それを一言一句正確に書き取るというのは、実際はかなりたいへんだ。

　廣瀬氏も、「『panhandle』と聴こえるがどうしても意味がわからず、英字新聞で似たようなニュースを探して、ようやく『ベトナム半島』の別表現だとわかった」といった苦労を毎日のように続け、四十五分以内で書き取れるようになるまで一年半かかった。

「語学は、学習時間が百二十〜百五十時間を超えると、急激に伸びるときがくるといわれますが、それはほんとうです。だから、そこに到達するまではとにかく苦しくても続けること」

　このディクテーション学習法の効果は絶大だった。新卒で入社した日本ＩＢＭでは、書類の大半は英文、本国からの来訪者も多く、会議では英語が飛び交う環境だったにも関わらず、なんとかついていくことができたという。

「ビジネス英語は会話のテーマが具体的で、なおかつ直接話法で話せばいいので、相手の言っていることさえ聴き取れれば、それほど難しくないんです」

　一方、仮定法のような複雑な言い回しをしたり、スラングが頻出《ひんしゅつ》したりする文学や映画は、いまでも聴き取れないそうだ。

「仮定法なんて、ビジネスの場ではまったく使いませんからね（笑）。そういう意味では、何をディクテーションの題材にするかはすごく重要。ビジネス目的なら、やはり発音が正確で、内容も標準的なニュースが最適でしょう」

　これからの時代、どんな業界にいても、英語ができればチャンスは確実に広がる、と廣瀬氏。

廣瀬式

廣瀬式ディクテーション勉強法

1 5分程度の英語ニュースを録音

ニュースの英語は発音や表現が正確で、なおかつスピードも速いので、ビジネス英語をマスターしたい人には最適。廣瀬氏自身はAFNのラジオニュースを録音して勉強したが、「いまならCNNやBBCなどでもいいかもしれませんね」（廣瀬氏）。ポッドキャストを利用するのもお勧めだ

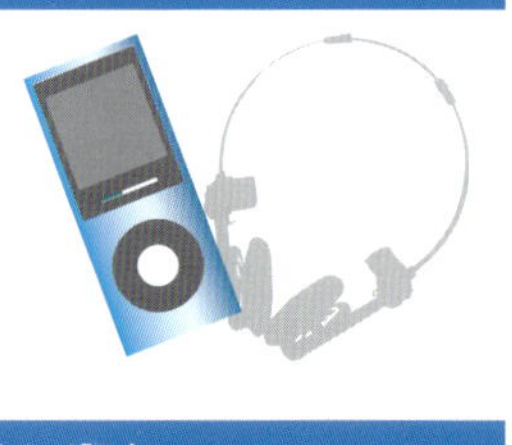

2 ニュースを聴き取り、それをノートに書く

5分のニュースの単語数は約1,800語。それを一言一句すべて正確にノートに書き取れるまで、何度も繰り返し聴く。目標は45分以内で終わること。それができるようになるまで、地道に訓練を続ける

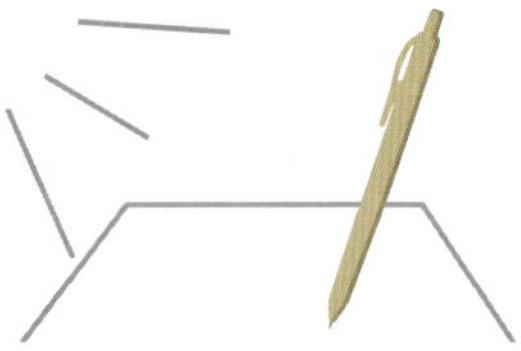

3 どうしてもわからない単語は、英字新聞などで調べる

同じ日の英字新聞をみれば、たいてい同じ内容のニュースが載っているもの。こうすることで、ヒアリング力だけでなく、単語、文法、構文などの知識も増えていく

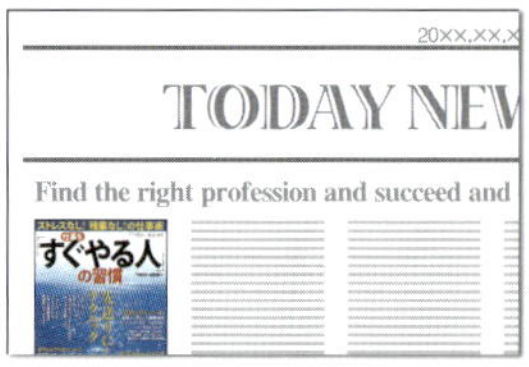

資料：廣瀬禎彦氏への取材をもとに、編集部が作成

徹底検証！
海外経験ゼロでも「英語ができる人」の勉強法 6

ビジネス英語でもっとも重要なのは、一〇〇%英語で説明しきることだ！
相手に正確に伝わる文章構成を考えるクセをつける

松本 大
マネックス証券㈱
代表取締役社長・CEO

Ohki Matsumoto
1963年生まれ。87年、東京大学法学部を卒業。ソロモン・ブラザーズ・アジア証券会社を経て、ゴールドマン・サックス証券会社に入社。94年、30歳のとき、当時、同社最年少のゼネラル・パートナー（共同経営者）となる。99年、ソニー㈱との共同出資でマネックス証券㈱を設立。2004年に日興ビーンズ証券㈱との経営統合を果たし、マネックス・ビーンズ・ホールディングス㈱（現・マネックスグループ㈱）を設立、現職に。

取材・構成：山口雅之

伝えるべきことを正確に伝える――。ビジネス英語で重要なのはこれに尽きると、マネックス証券㈱の松本大社長は声を大にする。

「たとえば金融の世界でいえば、四十個を二十ドルで買うときは20 bit for 40、二十個を四十ドルで売るときは20 at 40というように、売りと買いでは前置詞が異なるとともに、順序も変えます。そのくらいビジネスの世界では、正確に伝えることに重きを置いているのです」

しかしながら、日本のビジネスマンのなかには、この正確に伝え、聴くという意識が欠けている人が多いという。

「百のことを七割伝えても、ビジネスにはなりません。求められているのは、七十のことを十割伝えられる英語力。ここを勘違いしていると、いつまで経ってもビジネス英語はものにならないといっていいでしょう」

こうした能力は、日常英会話のレッスンでは身につかない。むしろ能力アップに絶大な効果を発揮するのが、テーマを決めてそれを一〇〇%英語で伝えきるという日ごろの練習。

「身近に外国人がいるなら、たとえば、今日は『なぜ日本の野球は強いか』を説明すると決めて食事に誘う。そして相手に面倒な顔をされようが、とにかく自分の主張を最後まで伝えるのです」

このとき大事なのは、話がロジカルだということ。論理に説得力があれば、発音や文法は多少怪しくても、まったく問題ないという。事前に話の構成をしっかり組み立てて臨むのが大事だという点は、日本語でプレゼンをするのと何ら変わりないといえそうだ。

話をしようにも相手がいないという人は、「想像のなかで架空の相手に説明しても、同じような効果が得られる」というから、電車やトイレのなかなど、どこでもトレーニングは可能だ。

松本氏自身も、「英語でケンカをしたときに絶対に勝てるロジックを、よくシャワーを浴びながらシミュレーションしていた」と笑いながら教えてくれた。

さらに、ボキャブラリーを増やしたり、リスニング力を強化したりして、英語力の増強を図りたいなら、意図的に自分の専門領域外の人とコミュニケーションするのがいいと松本氏はいう。

「マネックス証券を立ち上げ、国際会議などにも顔を出すようになると、科学者や宗教家など、さまざまな分野の人たちと交流する機会が増えました。そういう人たちは、ビジネスパーソンとは使う単語も表現も違うので、最初はなかなか意思疎通ができない。自分の英語がいかに貧弱かを痛感させられましたが、だんだんと彼らの世界の英語が僕の頭のなかにも入ってきて、結果的にはそれが、英語力に厚みを増してくれたのです」

松本式説明シミュレーション勉強法

なぜ、日本の野球は強いの？
もし外国人からこう質問されたら、何と答えればいいかな？

上のような質問をされたときに、英語でどう話せば、自分の言いたいことが100%正確に伝わるか考える

▼

ちょっとしたスキマ時間に、こうした自主トレーニングを積み重ねる

▼

論理的な文章構成ができるようになり、英語で「伝える力」も高まる

資料：松本大氏への取材をもとに、編集部が作成
ILLUSTRATION：久保久男

徹底検証！

海外経験ゼロでも「英語ができる人」の勉強法 7

半分ぐらい理解できるようになると、加速度的に面白くなってくる！

ストーリーのある教材を浴びるように聴き続ける

土居健人

トリンプ・インターナショナル・ジャパン㈱代表取締役社長

Kent Doi

1957年、兵庫県生まれ。82年、日本ヴィックス㈱に入社。86年、プロクター＆ギャンブル・ファー・イースト・インク（P&G）のブランド・マネージャーに。同社でグローバル・マーケティング・ディレクターなどを務めたのち、2001年、ボーダフォン㈱執行役員常務マーケティング統括部長に就任。その後、㈱ソニー・ピクチャーズ・エンタテインメント執行役員シニアバイスプレジデント、リーバイ・ストラウス　ジャパン㈱社長を経て、2010年8月より現職。

取材・構成：山口雅之

「社会人になってから英語の勉強を本格的に始めても、遅いということはまったくありません」

　そう語るトリンプ・インターナショナル・ジャパン㈱の土居健人社長は、「社内メールはほぼすべて英語で書く」というほどの実力の持ち主。しかし、外資系企業に入社した当時は、受験単語を知っている程度の英語力しかなかったそうだ。

　では、これから英語を学ぼうというビジネスマンは、いったい何から手を着ければいいのか。読み書きに比べて聴いて話す力が圧倒的に弱い日本人は、まずリスニングを鍛えるべきだという。

「リスニング力がどれだけ伸びるかは、何を聴くかよりも、聴く頻度と総量にかかっていると思います。ですから、自分の興味があるものを聴けばいい。映画好きなら洋画のDVDを字幕なしで観るのも悪くありません。英語教材で勉強する人には、『家出のドリッピー』のようにストーリーがあるものが、飽きずに続けやすいのでお勧めです」

　土居氏自身、二十代のころはさまざまなテープを聴いたという。そうして毎日浴びるように聴いていると、そのうち、少しずつ聴き取れるようになる。

「半分ぐらい聴き取れるようになると、俄然楽しくなるんです。ここが英語学習の第一の壁かもしれませんね」

　耳がある程度英語を聞き分けられるようになったら、次は会話の練習。このときもやはり、どれだけ英語を話す機会を増やせるかがポイントになる。周囲に外国人がいなければ英会話スクールを利用するのもいいし、日本人同士でもかまわない。

　また、正しい英語を話そうと、頭で何度も確かめてからようやく話し出す人が多いが、多少文法や構文が怪しくてもテンポよく話せるようになることのほうが、会話では大切だという。

「間違えると恥ずかしいなどと思うのは日本人くらいのもので、海外にいけばどの国の人も、なまりの強い英語を堂々と話しています。それに、文法やスペルの正確さにしても、日本人のレベルは決して低くないから、もっと自信をもっていい」

　スピーキングもリスニング同様に、ある程度通じるようになってくると楽しくなって、そこから先は加速度的に力がついてくるというから、そこまで頑張れるかが勝負というわけだ。

「それから、どんなかたちでもいいので、外国人の友人をもつことを強くお勧めします。インターネットがあるいまなら、共通の趣味をもつ外国人を見つけることも不可能ではないはず。たとえネイティブでなくても、お互いの共通語が英語なら、十分、英語の勉強になります。それに、未知の文化や価値観を知ることもできる。そうやって英語で自分の世界が広がる喜びを味わうと、英語を勉強するモチベーションも一気に高まるはずですよ」

土居式

土居式「二つの壁」突破法

「二つの壁」を突破すると、英語の勉強は一気に楽しくなる！

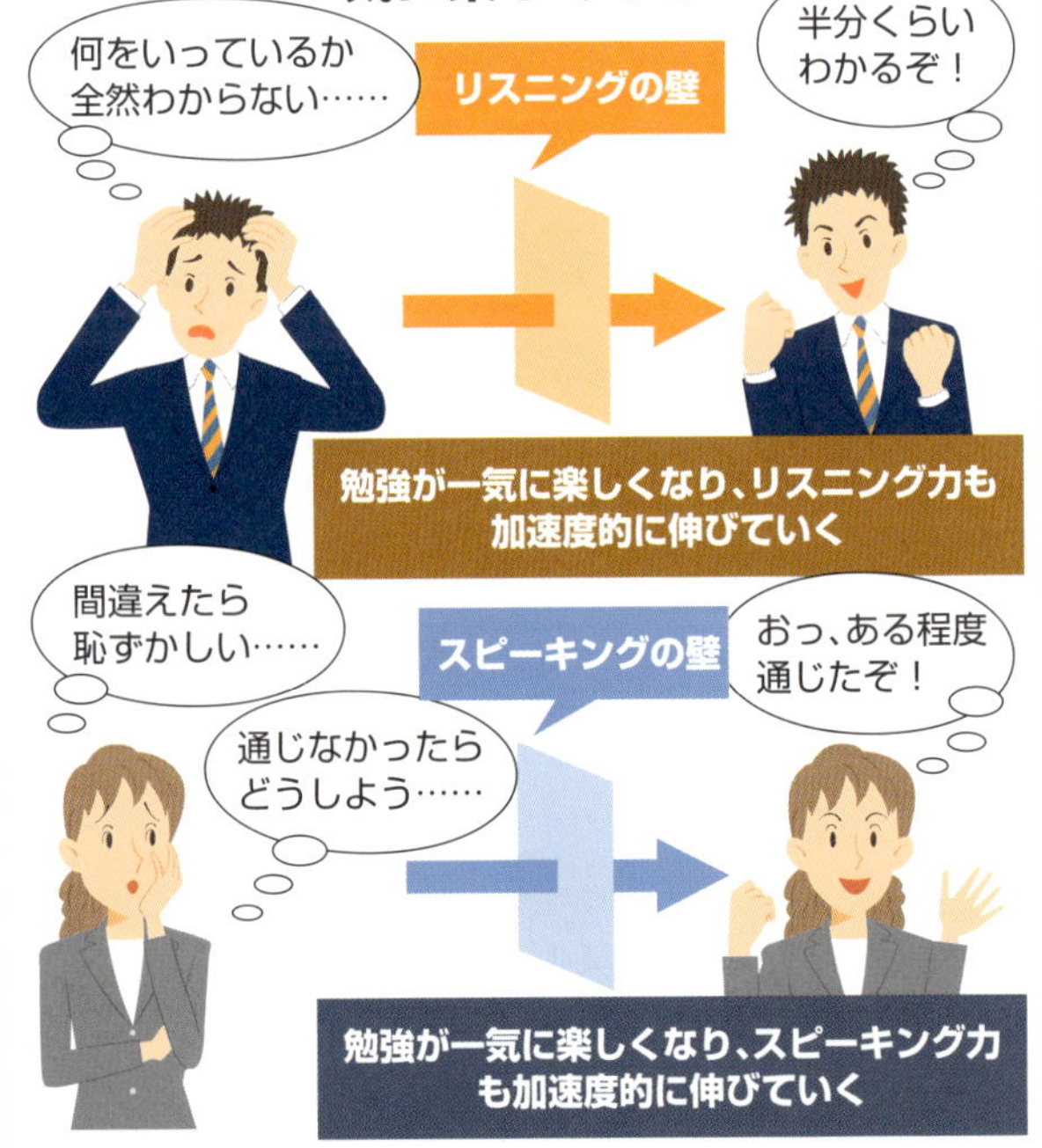

何をいっているか全然わからない……
リスニングの壁
半分くらいわかるぞ！
勉強が一気に楽しくなり、リスニング力も加速度的に伸びていく
間違えたら恥ずかしい……
通じなかったらどうしよう……
スピーキングの壁
おっ、ある程度通じたぞ！
勉強が一気に楽しくなり、スピーキング力も加速度的に伸びていく

資料：土居健人氏への取材をもとに、編集部が作成
ILLUSTRATION：久保久男

第2章

英語のプロが教える習得への最短ルート

英語のプロが教える習得への最短ルート

無駄を排除し、必要なことだけやる！

「分野別速習法」

英語の勉強とひと言でいっても、リーディング、リスニング、スピーキング、ライティングの四つに加え、すべての前提となる文法や単語の学習、さらに話すためには発音も必要になる。そのうえ、文意や会話を理解するのに必要な文化の習得などまで広げて考えてみると、どこまでやればよいのか、迷ってしまうだろう。日本にいながら英語を習得し、教鞭を執る三人の先生方に、分野別の勉強法を教えていただいた。

取材・構成：加曽利智子

文法・単語 Grammar&Vocabulary

Grammar & Vocabulary

すべての基礎となる文法をまずは復習

社会人が新たに英語を学び直すとしたら、何から、どのように始めたらよいのだろうか。よく、「受験英語と実用英語は違う」ということもいわれるが、はたしてほんとうにそうなのだろうか。

受験生から社会人まで幅広い世代に英語を教え、支持されている安河内哲也氏は、「大人になってから英語をマスターする場合、言葉のルールである『文法』を、先に強制注入することが必要」とアドバイスする。

「まず英語のルールを知って、そのルールの使い方を何度も練習し、自然に使えるようになるまで繰り返す。実際に私も、この方法で英語が使えるようになりました。文法は、英語を短期間で習得するための〝最強のツール〟です」（安河内氏）

マンガ『ドラゴン桜』（講談社）の英語講師のモデルにもなった竹岡広信氏も、「最近は『難しい文法はいらない』といったアンチ文法論も多いが、文法という『理屈』や『法則』を利用しながら、外国語を身につけていくのは合理的な方法。逆にそれをまったくしないで英語をマスターするほうが難しい」と話す。

「『文法は嫌いで……』という人もいるかもしれませんが、ほんとうによく使う用例だけに限定して勉強すればいい。具体的には、中学三年間プラス高校一年くらいまでの教科書に載っている文法で大丈夫。構文だったら、ほんとうに必要なのは五十程度、百パターンも覚えたら、じゅうぶんすぎ

単語は語源（中心の意味）に着目すれば覚えやすい！

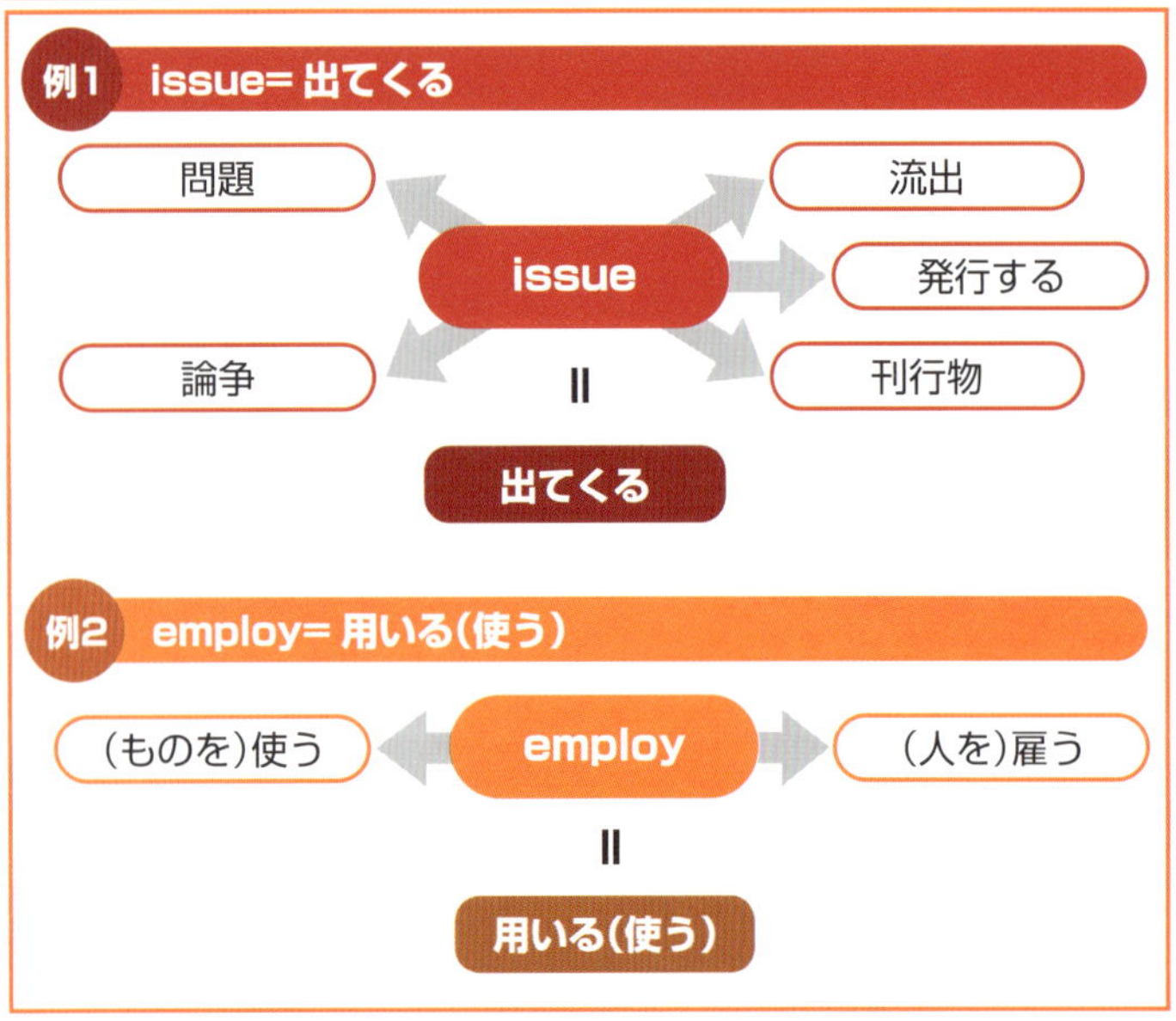

資料：竹岡広信氏への取材をもとに、編集部が作成

お話をうかがった方々

竹岡広信 Hironobu Takeoka

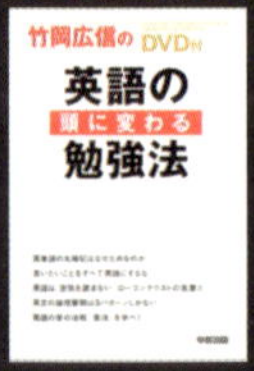

京都大学在学中から英語を教え始め、指導歴30年以上の英語講師。京都府亀岡市にて竹岡塾を主宰するほか、駿台予備学校、早稲田アカデミー、洛南高校でも講師を務める。「英語は生きた言葉だ。使える英語を身につけよ」を信条とした、従来の日本の英語教育にとらわれない講義で人気。マンガ『ドラゴン桜』の英語講師のモデルになったことでも知られる。『竹岡広信の英語の頭に変わる勉強法』（中経出版）、『ドラゴン・イングリッシュ必修英単語1000』（講談社）など、著書多数

安河内哲也 Tetsuya Yasukochi

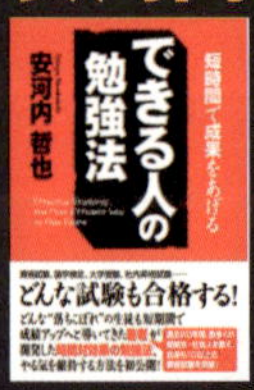

上智大学外国語学部英語学科卒業。指導歴20年以上の英語講師。東進ハイスクール講師、東進ビジネススクール講師として、受験生から社会人までを対象に、英語を教えている。自身も英語の勉強を続け、海外留学経験なしでTOEIC990点満点、英検1級、国連英検特A級、通訳案内士国家試験など、英語のさまざまな資格をもつ。ベストセラー『できる人の勉強法』ほか、『できる人の英語勉強法』『新TOEICテスト超速★英単語』（以上中経出版）、『成功する英語勉強法』（学研）など、著書多数。

土屋雅稔 Masatoshi Tsuchiya

神奈川県出身。千葉県船橋市で「エクセレンスイングリッシュスクール」を主宰。30歳から英語学習を始め、中学校の教科書から徹底的に復習する独自の方法により、1年でTOEIC900点を獲得。翻訳会社に入社するが、仕事に忙殺され一時的にスコアを落とす。しかしスキマ時間を活用して勉強を続け、34歳で英検1級に合格。英語講師に転身。その後、TOEIC990点満点、国連英検特A級も獲得。著書に『〈具体的・効率的〉英語学習最強プログラム』（ベレ出版）がある。
http://www.k4.dion.ne.jp/~ees/

るほどです」（竹岡氏）

三十歳から英語の学習を開始して、英検一級、TOEIC九九〇点満点、国連英検特A級を次々と取得し、現在は英語教室を主宰している土屋雅稔氏も「英語力の基礎を固めたのは、中学生の問題集だった」と、自身の経験を振り返る。

「中学文法は、建物でいえば土台です。文法が苦手な人も得意な人も、とりあえず、中学文法を復習してみてください。具体的には、五十〜七十ページくらいの薄い問題集を何冊か、やってみます。文法が確実に身についている人なら、一ページにかかる時間は一〜二分、一冊一〜二時間で終わるはず。一冊終えるのに三〜四時間かかったり、正答率が九〇％程度だったりした場合は、中学文法の理解が不十分だといえます。一〜二時間で一〇〇％正答できるようになるまで復習してください。ハードルが高いと思う人もいるかもしれませんが、中学文法は、掛け算の九九と同じくらい基本的なもの。テンポよく答えられて、正解率も高くなければ、リーディングはもちろん、リスニングやスピーキングにも使えません」（土屋氏）

中学生向けの問題集は、初めて英語に触れる人向けに書かれており、独習がしやすい。価格も一冊五百円程度と、普通の書籍に比べて安価だ。最低でも五冊くらい取り組んでみて、現在の自分の文法力をチェックしてみよう。

「英語を読むには、高校文法も必要です。仮定法、倒置、省略、挿入、強調などは、高校文法で習うからです。中学文法の復習を終えたら、次は大学受験用の問題集を活用して、高校文法を勉強するとよいでしょう。もしも、途中でつまずいたら、中学文法に戻ってみてください。それでも解消できない疑問もあるかもしれませんが、そのときには、それはそのままにして、先に進んでしまいましょう。最初はピンとこなかった例文も、学習を進めるうちに、腑《ふ》に落ちることがあります。融通をきかすことが、英語学習で挫折しないポイントです」（土屋氏）

Grammar & Vocabulary

単語は丸暗記せず語源を理解する

英語学習において、文法と同様に、基礎力として重要なのが単語力だろう。竹岡氏は「単語や熟語を知らなければ、読めないし、話せない。単語を学ぶことは英語学習の根幹」と言い切る。

しかし、必死に単語を覚えても、しばらくすると、結構忘れていてガッカリすることも多い。しっかりと頭にインプットするには、どうすればいいのだろうか？

「丸暗記で覚えた単語は忘れやすく、使いこなすことができないケースがほとんど。それに対して、単語の中心的な意味をとらえていくと、語彙の多い単語でも、覚えやすく、記憶に定着しやすくなります。たとえば“issue”という単語を英和辞典で引くと、名詞としては『問題』『論争』など、動詞としては『発行する』などの意味が並びます。一見、それぞれの意味同士はつながりがないようにみえますが、語源辞典で調べると“issue”の中心的な意味は『出てくる』。これを理解して意味を見直すと、確かに、『問題』も『論争』も『発行する』も『出てくる』につながっていることがわかります。一つひとつの単語の語源を知っていくと、勉強も楽しくなります」（竹岡氏）

一方「単語は発音記号で覚えると

Grammar&Vocabularyのお勧め教材

竹岡広信氏 推薦

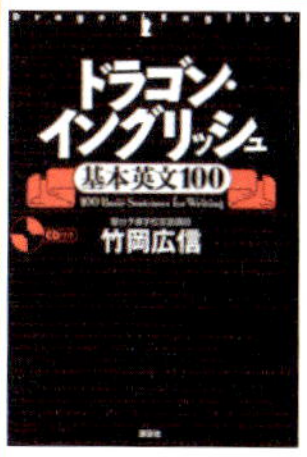

英作文に必要な技法を100文に凝縮した英語例文集。時制と論理に重点を置き、英語として不自然なものは一切排除。リスニング対策も可能な音声CDを付録。英作文と銘打っているが、基本を網羅しているので、文法の学習に最適の1冊。

『ドラゴン・イングリッシュ 基本英文100』
▶▶竹岡広信著／講談社／1,470円

安河内哲也氏 推薦

ゼロからの学習者に向けて、実用英語に必要な英文法を1冊に収録。不要な文法知識をカットし、ひっかかりそうなポイントを丁寧に解説した。CDには例文と解説のポイントを収録しているので、聞くだけで英文法の総復習ができる。

『ゼロからスタート英文法』
▶▶安河内哲也著／Jリサーチ出版／1,470円

安河内哲也氏 推薦

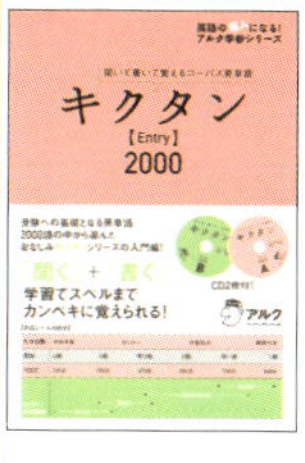

音楽に合わせて単語を聴く「チャンツ」方式のCDつきで、リズミカルに覚えることができる。シリーズで出版されていて、それぞれレベルが分かれており、本書は入門編。自分のレベルに合わせて選ぶとよい。自信がない人は、まず本書から。

『キクタン Entry2000』
▶▶アルク高校教材編集部編／アルク／1,470円

土屋雅稔氏 推薦

アルクが長年蓄積してきた膨大な英文データから有用性と使用頻度を基準に選び出した、重要英単語リスト。そのなかから、初級レベルの3,000語を完全収録。自分の実力の確認の意味でもお勧め。直読・直解のトレーニングにも。

『究極の英単語SVL〈Vol.1〉初級の3000語』
▶▶アルク英語出版編集部著／アルク／1,680円

よい」と話すのは、安河内氏だ。

「日本人には、単語をローマ字読みして、変なアクセントで覚えている人が多い。漢字もそうですが、一度間違って覚えたものを、あとから直すのは大変です。せっかく勉強し直すのなら、最初から正しい発音記号で覚えるといい。そのうえで、あらゆる手段を使って、語彙力を増やしていく。『人は覚えたことは忘れる』を前提に、ただ単語や熟語を眺めるのではなく、五感をフルに使って記憶していくとよいでしょう」（安河内氏）

土屋氏も「単語を眺めているだけ、声に出しているだけでは、覚えられない」と忠告する。

「単語集にマーキングをして読んでいくと、覚えたつもりになるかもしれません。しかし、それだけでは『覚える』作業が抜け落ちているので、頭に入らなくて当たり前。英単語と訳語をみながら、英語→訳語、を何回か繰り返し、訳語を隠してもいえるかどうか、確認するのが基本です。また、時間のないビジネスマンなら、電子辞書のヒストリー機能（履歴機能）を利用して、単語を覚えていくのがお勧め。調べた単語を辞書が自動的に記憶し、いつでもみることができるので便利です。ノートやカードなどに書き写す手間や、書き写しの間違いもありません」（土屋氏）

読む Reading

Reading 要約練習をして主題を読みとる

メールを読む、企画書を読む、契約書を読む、資料を読む……。仕事で英語を使う場合、たいていの人にとって、もっとも身近な作業は「読む」ことだろう。ところが、知らない単語や知らない表現が出てきた途端、先に進めなくなってしまうことも多い。わからない単語を調べたものの、文章の意味が理解できないこともある。

「ビジネスの書類を読むとなると、〝単語だけ調べて、あとは連想力と想像力に頼る〟といった読み方では、理解するのが難しいでしょう。リーディングで重要なのは、全体の意味をつかむことです。単語を拾って、つなげて読んでいる人は、文法のところでもお話をしたように、基本的な文法項目を、もう一度勉強しましょう。同時に、句や節などの塊ごとに斜線（スラッシュ）を引いて読む『スラッシュ・リーディング』を行なうのが、読む力をつける近道です。また、長文を読んで、相手が伝えたいことをパッと把握できるようになるには、要約練習をお勧めします。短いコラムでかまいませんから、英語の文章をざっと読んで、その内容を自分で要約するのです。わからない単語や文法的に疑問なところがあっても、文全体の理解に関わりそうなキーワードだけ調べれば十分。全体の内容をつかむうえで、あまり支障がない単語や文法は、無視しても問題ありません。『この単語の意味がわからないけれど、全体から考えると、このような意味なのでは？』と類推しながら読んでいきます。類推力も、英語を読むうえでは大切な要素です。慣れないうちは、『○○が好き』『○○が嫌い』というように、とてもシンプルな要約でもよいでしょう。要約練習でなによりも大事なのは、書き手の主張を読みとることです」（竹岡氏）

考えてみれば、日本語の文章を読むときは、知らない用語や多少意味がわからない部分があっても、そのまま読み進めているのではないだろうか？　経験的に、書類は、細かい部分の分析をするよりも、まずは内容を把握することが必要だとわかっているからだろう。英語の書類を読む際にも、同じ感覚をもつことがポイントのようだ。

「要約練習の目的とも重なりますが、英文を読む基本は『結局、何がいいたいのか？』をつかむこと。日本語は、核心に触れていない文章では、行間を読んだり、文脈から類推したりしなければなりません。でも英語は、もともと〝いいたいこと〟を主張する言語です。行間を読む必要はなく、いいたいことは、すべて書かれているのです。しかも、英文の論理展開は、パターン化されています。具体的には、次の三つのパターンです。

①抽象的な表現で主張をいう→その具体例を述べる、②主張とは反対の例をいう→Butで始まる文章で主張をいう→その具体例を述べる、③抽象的な表現で主張をいう→その主張とは反対の例をいう→Butで始まる文章で再度、主張をいう→その具体例を述べる。これらを知り、英文に読み慣れてくると『Butの後だから、ここの部分が相手の主張したいことなのかな？』など、書き手の主張を見つけやすくなります」（竹岡氏）

主張さえつかむことができれば、英文の理解は、たちまちスムーズになるに違いない。

Reading 直読・直解の訓練で英文を追う力をつける

内容を把握するとともに、仕事で英文の企画書や資料を読むときには、ある程度のスピードも求められる。できれば、同じ内容の日本語の文章を読んだときと同じくらいのスピードで英文を読むことをめざしたいものだ。

「ネイティブと同じ速度で理解するには、〝英語の語順で英語のまま理解する〟ことです。いわゆる〝直読・直解〟です。もっと詳しくいえば、文は左から右へ読み、日本語に訳さないということ。そのための練習として、まずは単語レベルから始めてみてください。〝Cat〟という単語をみたら、『猫』と日本語を頭に思い浮かべるのではなく、ペットの猫や近所の猫をイメージするのです。はじめのうちは、すぐにできなくても問題ありません。日本語を使わずに、イメージできることが大切です。どうしてもパッと『猫』の日本語が浮かんでしまう場合には、『Cat、Cat、Cat……』と単語を口に出すことによって、日本語を頭から追いだしましょう。慣れてきたら、一語一秒を目標に、日本語に訳さず、イメージします。

ILLUSTRATION：久保久男

次は、英語の語順で理解することの練習です。文を読むときに、目を左から右へ一度だけ動かします。先に〝Cat〟の直読直解を練習したとおり、日本語に訳すことはしません。左から右に一回読むだけで、日本語を使わずに理解できることが目標です。これも慣れてきたら、時間を意識して練習します。目安は、短い英文を三十個並べて、三十秒で読むこと。目がスムーズに動き、内容が理解できるまで、繰り返しチャレンジしてみてください。これをクリアしたら、同じ要領で、やさしい英文を大量に読む練習へと進みます。中学生の教科書から始めて、段々とペーパーバックへステップアップしていくとよいでしょう」（土屋氏）

直読・直解の練習は、わからない部分をスキップするので、単語や文法が身につかない気がして不安になる人もいるかも知れない。そんな人に対して、土屋氏は「この練習は、日本語を使わずに英語を英語の語順で理解できるようになるのが目的ですし、単語や文法は別枠で勉強しているので、心配はいりません」とフォローする。

「文の構造をしっかりと押さえて読みこむ『精読』と、二～三ページの英文を、わからない部分があっても読みこなす『多読』を同時進行で行なってください」とアドバイスするのは、竹岡氏だ。

「ただし、英文を読み慣れていない人が、多読をするのは無理だと思います。勉強を始めたばかりの人は、精読を中心にして、徐々に多読を増やしていくとよいでしょう。多読に関しては、自分が好きな内容、興味があるテーマを選ぶことが重要。楽しくなければ、読み切ることはできません。リーディング力をつけるには、何よりもたくさん読むことです」（竹岡氏）

安河内氏も「読めるようになりたければ、読書の五〇％を英語にすること」と話す。

「『英語ができるようになるには、どうすればいいですか？』とよく聞かれますが、『読むだけでなく、聴く、話す、書く、何でも半分を英語にしなさい』と答えます。つまり、英語を学ぶための環境づくりが大事だということ。インフラを整備せず、ちょこっと勉強して英語ができるようになるのは難しい。英語を本気でマスターしたいなら、英語学習に対するパラダイムを変えることです」（安河内氏）

私たちが母国語である日本語を身につけた過程を思い起こしてみると、生まれてから毎日日本語だけに

Readingのお勧め教材

竹岡広信氏 推薦

じっくり読む精読にぴったりの、本格派の教材。駿台予備学校の講師であった著者が厳選した秀逸な英文揃い。難易度の高い例文も登場するが、この1冊をしっかり読み込むことで本格的な実力が身につく。主語や述語を正しく認識し、正確に読む練習をしよう。

『英文解釈教室（改訂版）』
▶▶伊藤和夫著／研究社／1,575円

安河内哲也氏 推薦

膨大な英字新聞の記事から選ばれた英文120本を掲載。全部ではなく1パラグラフ程度の内容だが、時事英語なので読みごたえは十分。文法解説や対訳などもついているので、文の構造をしっかり理解しながら読み進めよう。文庫なのでも ち歩きにも便利。

『1日1分！ 英字新聞プレミアム3』
▶▶石田健著／祥伝社／780円

土屋雅稔氏 推薦

英文を読むときは日本語に訳さず〝直読直解〟するのが理想的。その練習として初心者にお勧めなのが、中学校の教科書だ。意外にも、読みごたえのある文章が多く掲載されている。基本の単語や文法が網羅されていて、復習に最適。まずはここから始めよう。

中学・高校の英語教科書

接する生活をして、それでも十年以上かかった。大人になってから第二言語を習得するには、ある程度の覚悟をして、本気で取り組む必要があるということだ。

　さらに安河内氏は、土屋氏と同じく「リーディングにおいて〝直読・直解〟は必須」だと説き、その方法として音読を勧める。

「声に出して読めば、自動的に左から右へ読むようになりますし、声を出すと同時に英文を理解しようとするので、頭のなかに、日本語をはさむ余裕がなくなります。そのうえ、左から右へ読むクセがつけば、リスニングの訓練にもなります。前から後ろへと理解することが自然と身につくので、リスニングにおいても、聴こえたままに理解していくことができるようになるのです」（安河内氏）

〝仕事で使える英語〟と考えると、リーディングの教材として、すぐに英字新聞や英字雑誌を手にとる人も多いだろう。しかし、それらを読むにはそうとうの実力を要する。

「英字新聞が読めるくらいなら、すでにTOEIC九九〇点とっているはず。無理をせずに、自分に合った読み物を選ぶのが、挫折せずに、英語学習を続けるコツです。初心者なら、ショートストーリーをたくさん読むのがよいでしょう。いまは『iPad』を活用するのもいいと思います。無料でダウンロードできる洋書もありますし、有料ですが、アマゾンのキンドルを利用すれば、自分の英語力に合わせて子供向けの本からエッセイや小説まで、あらゆる洋書を手に入れることができます（P.85参照）。手軽に教材を手に入れられるだけでなく、本文にマーカーができて、そこに意味などのメモがつけられるのが便利。知らない単語も、辞書機能ですぐに調べられますし、『iPad』のなかに、自家製単語帳もつくることができ、役立ちます。私も愛用しています」（安河内氏）

聴く Listening

Listening

ただ聞き流すだけでは聴きとることはできない

英語を聴きとろうとして、いくら一所懸命に耳を傾けても、ただ集中して聴くだけでは意味をとることができない。リスニングでは英語を聴きとったうえで、文意を理解しなければならない。〝聴きとれる耳〟になるには、どうしたらよいのか？

「『毎日シャワーを浴びるように英語を聴けば、リスニングができるようになる』などとよくいわれますよね。私自身、大学入学当時、リスニング力をつけようと、朝から晩までFEN（米軍とその家族向けのラジオ放送。現在のAFN）を聴いていたことがありました。たしかに、英語を聴くことには慣れますし、おおよその内容はつかめるようになります。しかし、三カ月たっても一年たっても、細かい部分は聴きとれるようにはなりませんでした。ところが、いつも流れてくるジングルの英文を友人に教えてもらい、改めてラジオを聴くと、それまで聴きとれなかったジングルが、完璧に聴きとれたのです。このことがきっかけで〝漫然とわからない英語を聴いていても、リスニングはできるようにならない。音と文字が一致して、初めて聴きとれるようになる〟ということに気づきました。以来、英語を聴いていて、わからない音があったときは、そのままにせず、必ずスクリプト（音声を英文に書き起こしたもの）と照合して確認をしています」（安河内氏）

　聴きとれなかったところをチェックし、スクリプトをみながら確認して聞いていく方法を「精聴」と呼ぶ。一方、英語を

Listeningのお勧め教材

竹岡広信氏 推薦

"Help me" は「ヘルプミー」ではなく、音がつながり、さらに消えて「ヘルミー」と聞こえる。このような、日本人が聴きとりに苦労する音の変化を、具体的かつ丁寧に説明している親切な教材。理論を知って聴くことで、上達の度合いもアップするだろう。

『超基礎 聞くための英語練習ノート〈Step 2〉』

▶▶ハイペリオン英語教育事業部編／朝日出版社／1,470円

安河内哲也氏 推薦

日本人が聴きとれないと感じる、英語リスニンクの8つの弱点をしっかり解説。マニアックになりがちな音声学の必要なところだけをまとめ、実例練習を重視している。ディクテーションをしながら3カ月くらいかけて聴き込めば、かなり実力がつくはず。

『英語リスニングのお医者さん［改訂新版］』

▶▶西蔭浩子著／ジャパンタイムズ／1,680円

土屋雅稔氏 推薦

『DUO3.0』の掲載語から重要度の高い語を厳選。現代英語の必須単語1000と熟語600を重複なしで377本の単文に凝縮。必須レベルの単語と熟語が完全にマスターできる。本来は単語集だが、例文を暗唱することで、リスニングとスピーキングも身につく。

『DUOセレクト』／『DUOセレクトCD』

▶▶鈴木陽一著／アイシーピー／『DUOセレクト』1,197円／『DUOセレクトCD』2,940円

シャワーのように聞き流す方法は「多聴」だ。

「聴く力をアップするには、精聴と多聴、両方が必要ですが、初心者は、多聴を始める前に、精聴を徹底的にやりましょう。英語の音を聴き分けられる耳になっていきます。具体的には、英語を聴いて、それを書きとっていく『ディクテーション』を行なうとよいでしょう。その際、英語の音声とそのスクリプトが必要です。最初は、標準的な学習教材から始め、慣れてきたら、自分に合ったレベルで、著名人のインタビューや映画など、楽しくリスニングできるものを選ぶとよいでしょう」（安河内氏）

竹岡氏も土屋氏も「リスニングの上達を早めるには、聴こえない部分をスクリプトで確認することが効果的」だと話す。

「聴こえない部分をチェックし、その理由を考えていくと、自分の耳の弱点がみえてきます。『単語と単語がつながって聴きとれなかった』、『いつも過去形のところが聴きとれない』といった具合です。自分の弱点がわかれば、その部分を注意して聴くなど、自分に合った練習ができます」（竹岡氏）

「聴きとれなかった部分を、スクリプトで確認後、すぐに聞けば、たいていは正しく聴こえます。しかし、弱点は簡単に克服できるものではありません。一週間後に聴くと、同じところが聴きとれない可能性が高い。ですから、聴きとれない部分は、繰り返し聴くことが大事。初心者のうちは、いろいろな教材を使うよりも、一週間あるいは一カ月は同じ教材を聴く、などと決めて取り組むと、弱点を克服しやすいでしょう」（土屋氏）

Listening
音読力と読解力で聴く力をアップする

リスニングには英語の音を識別する能力が必要。それを養うためには、当然、聴く練習が欠かせない。加えて、竹岡氏、安河内氏、土屋氏ともに「聴く力を鍛えるには、音読力と読解力が必要だ」と語る。

「私はリスニング力の五〇％は、音読力だと思っています。すらすらと読めない英文は、聴きとれません。言い換えれば、すらすらと音読ができるようになれば、リスニング力も上がっていきます。スクリプトをみながら、内容を頭のなかで映像化して音読を行なうと、リスニングに効果的です。余裕があれば、英語の音声を聴きながら、聴こえてきた音を真似て音読する『シャドーイング』もやってみましょう。通訳の勉強法として取り入れられている方法で、リスニングだけでなく、スピーキングにも役立ちます」（竹岡氏）

「リスニングは、発音ができるようになることが大事です。人間の耳は、基本的に、自分が発音したことのある音しか、認識できませんから。どうしても聴きとれない音があったら、そこの部分の発音練習をすれば、聴こえるようになるというわけです。リスニング力を鍛えるには、発音記号の習得が必須です」（安河内氏）

「リスニングの上達を早めるには、発音の仕方を身につけることです。大人になっているから手遅れだろうと思い込んでいたり、発音に苦手意識をもっていたりする人も多いようですが、心配はいりません。私も三十歳を過ぎて英語を学びましたが、発音専門スクールで発音を教えるほど、上達しました。独習で発音のトレーニングをする場合、まずは発音記号を読めるようになることです。発音のテキストを数冊購入し、発音記号の一覧表を毎日眺め、聴くことを約一カ月続けます。合わせて、一日一個のペースで、発音記号ごとに、口の形や舌の位置を確認しましょう。これは、スピーキングにも役立ちます」（土屋氏）

では、読解力はリスニングとどのような関係があるのだろうか？

「リスニングができないのは、耳だけの問題だと考える人がいますが、それは間違いです。例えば“I think that is a～”という英文があったと

ディクテーションの進め方

Step 1 英語の音を聞き、聞こえたまま紙に書く

繰り返し音声を聞き、書き写していく。
スペルは適当でもよく、わからなければカタカナで書いてもよい。

Step 2 書いたものをスクリプトと照合する

スクリプトをみながら、正しい単語を赤字で書き込んでいく

Step 3 英語の音を聴く

紙をみながら

書き取った紙をみながら、50～100回、繰り返し英語の音を聴く。
赤字の訂正をみると自分の弱点をつかめる。
目と耳を使って正しい音を刷り込んでいこう。

紙をみないで

紙をみないで、音声のみで聴きとる。
これも50～100回ほど繰り返す。

Step 4 音読する

音声を聴きながら

紙をみながら、英語の音声のあとについて音読する。
CDを止めながら読むとやりやすい。

音声なしで

ときどき音声なしで、紙だけみて音読してみる。
やり方に変化をつけることで飽きずに続けられる。

資料：安河内哲也氏への取材をもとに、編集部が作成

ILLUSTRATION：久保久男

します。リスニングが苦手な人はこの音だけを聴いて、"I think the is～"と、答えたりするのです。音が正確に聴きとれなかったとしても、英語がわかっていれば"that is"が"the is"とは、ならないでしょう？

　つまり、リスニング力とは、たんに耳が音を聴きとる力だけでなく、音として聴きとれない部分や、聴きとりにくい部分を、読解力で瞬間的に補うことができる能力のことなのです。『英語の耳』がよいというのは、聴きとりにくい音声の変換能力が高いことを意味し、すなわち、それは英語力なのです」（竹岡氏）

　土屋氏も「リスニングとは、聴くリーディング」だと指摘する。

「英語を聴いて理解するためには、前提として、その英語を読んで理解できる力が必要です。読んでもわからない英語を、聴いてわかるはずがありません。しかも、リスニングは、リーディングと違って、文字が残らないので、疑問に思う部分があっても、見直せません。英語のリスニングには、先にも紹介した、直読・直解といった力がとても重要なのです」（土屋氏）

　精聴、音読、読解など、あらゆる側面から英語を勉強していくと、いままで雑音にしか聴こえなかった英文が、少しずつ聴きとれるようになってくるだろう。土屋氏は「そのときに、気をつけたいのが、〝リスニングの落とし穴〟だという。

「単語が聴きとれるようになると、わかる単語が出てきただけでうれしくなるせいなのか、それだけで英文全体をわかったつもりになってしまう。ところが、聴いているあいだは理解していたと思っていたのに、あとで内容を思い出そうとすると『あれ？　どういう話だったのかな』とわからない。この落とし穴にはまる人が、非常に多い。これは、決して記憶力が悪いわけではなく、聴いているあいだもじつはわかっていなかったというのが原因です。単語だけわかっても、文法や、文の構造がわからなければ、内容を理解することはできません。先にもお話ししたように、リスニングには、リーディングが必要不可欠なのです。また、聴いているときにはわかっていても、聴き終えたあとに内容が不鮮明というときは、英文を聴くことに精一杯で、話の内容を覚える余裕がないというケースも、考えられます。この場合は、聴きながら覚えることを意識することが大切。あとは、たくさん英語を聴いて、聴く能力を高めていくことです」（土屋氏）

　安河内氏も「英語を聴く」ことを習慣化するのが大切だと話す。

「リスニングにかぎらず、英語学習が成功するかどうかは、習慣化がカギ。聴く力をつけたいのなら、携帯音楽プレイヤーに精聴のツールを入れておき、通勤電車に乗っているあいだに聴く。たった、これだけのことでも、一日十分でもやるか、やらないかで、一年もすれば大きな違いになります。パソコンのなかに精聴ツールを入れて持ち歩くのもいい。紙や鉛筆を用意しなくても、ディクテーションができます。お勧めのツールは『えいご漬け』シリーズ（プラト）。（安河内氏）

話す　Speaking

Speaking

まずは三割でも伝われば上出来

どんな職種でも、仕事をスムーズに進め、成果を挙げていくには、社外、社内問わず、コミュニケーション能力が大事なことは、周知の事実。なかでも、自分の意見を主張したり、交渉したりと、誰もが意識するのが会話力だろう。英語においても、コミュニケーションをとるには、スピーキング力が必要不可欠だ。

　ところが、ある程度、単語や文法を勉強しても「いざ英語で話そうと思うと、どのように表現してよいのかわからない」という人は多いのではないだろうか？「街で外国人に道をきかれても、とっさに言葉が出てこない」「海外旅行で、結局、自分からはほとんど英語を話さなかった」というエピソードも、よく耳にする。

　安河内氏は「日本人の英語のスキルのなかで、『話す』ことがもっとも劣っている技能」と指摘する。

「日本人の英会話力を阻んでいるのは、心理的な障壁が大きいというのが、私の考えです。障壁とは、ひと言でいえば〝ネイティブスピーカー幻想〟。『ネイティブのような流暢な英語を話したい』という憧れと、『ネイティブのような発音や表現で、話すことは無理だ』という劣等感が、英語を話すことに対する恐れを引き起こし、しゃべらない、しゃべれないといった状況に陥ってしまうわけです。そこで私は、授業などでは、ネイティブという言葉を、〝原住民〟と日本語訳に置き換えて話しています。もちろん、〝原住民〟をお手本にすることは重要です。でも、日本人が第二言語として学ぶ英語を〝原住民〟みたいに話そうとしても、限界があります。そもそも、世界を見渡せば、国際的な舞台で英語を公用語にしている人たちのなかにも、ノンネイティブはたくさんいるわけです。英語の勉強をやり直す機会に、思い切って〝ネイティブスピーカー幻想〟は捨ててしまいましょう。これができなければ、どんな勉強法に取り組んでも、会話力、ひいては英語力そのものがアップしません」（安河内氏）

日本人がなかなか英語を話せるようにならない原因の一つは、『いいたいこと』を正確に完全に英語に訳そうとする、日本人らしい几帳面さ」と話すのは、竹岡氏だ。

「外国人にきかれたことに対して、自分のいいたいことのうち一〇〇%を伝えようとすると、あれこれ考えて、気まずい沈黙が流れてしまいます。その外国人にしてみれば、『賛成です』、『反対です』だけでも、答えてほしいという気持ちになることでしょう。とにかく、すぐに反応することが大切。仕事でコミュニケーションを図りたいような場面では、なおさら、タイミングを逃さないことです。いいたいことの三〇～四〇%を伝えられれば十分、初心者は二〇～三〇%でもよいでしょう。難しい構文を考えるよりも、肝心なことを端的に話すのがポイントです」（竹岡氏）

たとえば「今日の午後の会議に必要な資料を貸していただけますか？」と外国人にいいたいのであれば、とりあえず「資料を貸して！」といってみる。すると、おそらく相手は「何の資料？」「何に使うの？」「いつまでに必要？」と聞いてくるだろう。それに対して「会議で使う資料だよ」「今日の午後までに必要だ」とつけ足していけば、最初から一〇〇%を伝えなくても、コミュニケーションが図れるというわけだ。

安河内氏も「日本語を単純化して〝シンプルパターン〟で話すことが、スピーキングが上達するコツ」だとアドバイスする。

「〝シンプルパターン〟とは、高校一年生くらいまでに習った英語の〝型〟のこと。単純な基本の〝型〟に、自分の意思を表現する単語や、熟語を組み込んでいけば、意図を伝えられます。シンプルパターンは、中学～高校一年生までの文法を勉強すれば、百～二百程度のストックができます。これだけあれば〝とりあえず話せる〟というレベルにはなれます。ストックするだけでなく、反射的に使えるように、覚えたらどんどん使っていきましょう」（安河内氏）

土屋氏は中学～高校の文法に加えて「動詞の活用を確実に覚えると、スピーキング力アップに絶大な効果がある」と話す。

「一つの英文には、必ず一つの動詞があります。動詞の活用を覚えていないと、一つ英文をいうたびに、かならず一つ、間違いをすることにもなりかねません。不規則動詞はもちろん、規則動詞も『これは規則動詞だ！』と自信をもって判断できるようにしておきましょう。辞書の巻末の不規則動詞を百個ほど確実に覚えてしまえば、それ以外の動詞は規則動詞だと簡単に判断できます。テンポよく声を出せば、百個くらいは口が自然に覚えます」（土屋氏）

Speaking

発音記号とは英語版の五十音

ところで、スピーキングの際に、どうしても気になるのが発音だろう。もちろん、安河内氏が指摘するように、ネイティブ並みの発音を手に入れることは〝ないものねだり〟である。しかし、せっかく話しても発音の間違いで通じないのはもったいない。ここでまず必要になるのが、発音記号の学び直しだ。

「英語での会話が外国人になかなか通じない場合、原因の一つに、発音

英語が口からスイスイ出る、シンプルパターン

Step 1 日本語を単純化する

- お水をもらえますか？
- お水、ありますか？
- お水を飲みたいのですが……
- のどがかわいたのですが……

単純化 → **水が飲みたい**

Step 2 英語のシンプルパターンに当てはめる

～したい＝ I'd like to＋原型動詞

→ I'd like to have a glass of water.

Step 3 状況に応じて「原型動詞」以降の部分を入れ替える

～したい＝ I'd like to＋原型動詞

make a call
meet a friend
⋮
など

資料：安河内哲也氏への取材をもとに、編集部が作成

ILLUSTRATION：久保久男

の基礎ができていないことが挙げられます。日本語と英語とでは音の構造が異なります。日本語は、どの言葉も母音で終わりますが、英語はそうとはかぎりません。子音が連続したり、子音で終わったりする単語もいっぱいあります。これを理解していないと、英語を無理に日本語の発音に当てはめて発音するということが起こってきます。これでは、外国人には伝わりません。日本語に似たような音があっても、厳密にいえば、完全に同じ音はないのです。英語の音は〝宇宙の音〟と割り切って、発音を学び直しましょう。そこで大事なのが発音記号。英語の音を体系化した、いわば『英語版・五十音』のようなものです。まずは基本として発音記号を覚えていれば、日本人に多くみられる〝母音を綴りどおりに読んでしまう〟という癖も直すことができるでしょう」（安河内氏）

海外旅行でも、自分の話した英語が、外国人に通じるようになれば、話すことが楽しくなる。すると、もっと話したくなるものだ。

「癖のある英語でも、通じればいいんです。そのためには、下手でも、相手にある程度通じる発音を身につけておくことです。発音の勉強は、発音の法則を覚えて、練習するしかありません。専門の参考書を手に入れて、法則だけでなく、発音の仕方もしっかりと学びましょう。舌や唇の動かし方や形、息を吐くのかどうか、などです。

発声練習をしながら、発音記号も学び直しましょう。スピーキングだけでなく、リスニングにも役立ちます」（竹岡氏）

しかし、初心者の場合、一人で発音を練習していても、ほんとうに正しく音を発しているのかが判断できない人がほとんどだろう。不安になったり、つまらなくなったりして、途中で放り出してしまっては、何にもならない。

「発音の上達を早めたい場合や、確実にしたい人は、専門のトレーナーについて練習するのがお勧めです。独習で発音をするのであれば、モデル音のCDが付属になっているテキストと一緒に、鏡とボイスレコーダーを用意しましょう。自分の口がテキストと同じ形になっているかどうかを鏡で確認し、自分の発音がモデル音と同じ音になっているかどうかをレコーダーで確認するのです。テキストどおりにやっているつもりで実際には違うことをしてしまう、ということを防ぐためです。手元にレコーダーがない人は、携帯電話の録音機能を活用するのもよいでしょう」（土屋氏）

英語を英語らしく話すには、個別の単語を正確に発音するだけではなく、英語らしいリズムも欠かせない要素といえるだろう。

「英語特有のリズムを身につけると、グンと英語らしく聴こえるようになってきます。その練習としてお勧めしたいのが、英語の歌をマスターすることです。英語は、リズムに乗せて話す言語です。リズムをつかむには、リスニングでお話した、多聴が有効ですが、楽しみながら練習できるのがカラオケです。日本語の歌を覚えるときも、歌詞をよく聴いて真似をして、次は身体を動かしながらリズムにのるでしょう？　英語の歌も同じ要領です。ちなみに、発音するときに、スペリングを思い浮かべながら、意識的に舌を動かすようにすると、英語の音を出す舌の動かし方や位置が、つかめるようになっていきます」（安河内氏）

Speakingのお勧め教材

竹岡広信氏 推薦

瞬間英作文、つまり日常会話で役に立つことを、簡単な英語ですぐにいえるようになるための本。すでに知っている表現もあるかもしれないが、ぱっと出てくるかどうかは別の話。英会話は、理屈をこねるよりまずは練習あるのみ。この本で演習しよう。

『どんどん話すための瞬間英作文トレーニング』
▶▶森沢洋介著／ベレ出版／1,890円

安河内哲也氏 推薦

舌の位置や口の形、発声法など、日本語とはかなり異なる英語の発音方法に、戸惑う人は多い。言葉だけで説明されてもわかりにくい部分もあるが、本書は写真や付属のDVDでフォロー。ネイティブの口の形をみて、発音を聴きながら練習できる。

『英語の発音がよくなる本』
▶▶巽一朗著／中経出版／1,995円

土屋雅稔氏 推薦

３枚のCDが付録で、練習問題すべてに至るまで録音されている。母音26個と子音24個が２トラックにまとめて録音されているので、発音の全体像をつかみやすい。例文や練習文も充実している。手許に置いて、発音の仕方を随時調べるのにも役立つ。

『英語の発音パーフェクト学習事典』
▶▶深沢俊昭著／アルク／2,940円

書く Writing

英語で書くためには日本語を単純化する

報告書、依頼状、お礼状、企画書など、一般的なビジネス文書に求められることは、第一に相手に用件を明確に伝えることだ。英語で文を作成するときにも、当然、〝シンプルで正確に〟が求められる。

しかし、ビジネス文書を英語でつくろうとすると、内容や構成以前に、伝えたいことを、どうやって英語で表現してよいのかわからず、手が止まってしまうかもしれない。

「英文を作成するときには、伝えたい内容を英語で考えられるようになるのがベストです。でも、初心者は、書きたいことを日本語で考えることでしょう。これは、仕方のないことです。ただし、そのときに、ほとんどの人が陥ってしまうのが、頭に浮かんだ日本語を忠実に訳そうとすることなのです。たとえば『昨年、弊社が開発した商品は、あまり人気を博しておりません』というような報告書を作成しようとしたときに、『人気を博していない』って？と考え始めると、一行も先に進まなくなってしまう。頭に浮かんだ日本語を、そっくり英語に置き換えようという発想では、いつまでたっても、英語の文を書けるようにはなりません。

日本語をそのまま訳そうとするのではなく、日本語特有のいい回しをそぎ落とし、シンプルな形で書いていくことが、書く力をトレーニングするポイントです。そのためには、実際に書く前に、頭に浮かんだ日本語を、単純化＝〝シンプリフィケーション〟することです。先ほどの『昨年、弊社が開発した商品は、あまり人気を博しておりません』を単純化すると、『昨年、私の会社は新商品を出した。それは、あまり人気がない』となるでしょう。次に、単純化した日本語を、「話す」の項目で紹介した〝シンプルパターン（＝高校一年生くらいまでに習った英語の〝型〟）〟に当てはめていきます。それを書いていくのです。書くことも、話すことも、基本的な技能は一緒。英語の学習を始めたばかりでは、書くも話すも、洒落たいい回しにこだわるより、相手に伝わることが第一です」（安河内氏）

竹岡氏、土屋氏も「『書く』と『話す』のトレーニングは共通」とアドバイスする。

「英作文の勉強では、伝えたいこと、いいたいことを瞬時に組み立てる『瞬間英作文力』を身につけましょう。日本語でも、何かを話そうとするときには、頭のなかで、物すごい勢いで、自分のいいたい内容のシナリオをつくっていませんか？ その英語版の訓練をするのです。言葉を使ってメッセージを外に発信するという意味では、英会話も英作文も同じ。ですから、瞬間英作文力がついてくると、書くことも、話すことも上達します。基本となる文例に単語を入れ替えて、何通りもの例文をつくる練習を徹底的に行ないましょう」（竹岡氏）

「仕事をしながら英語を勉強するとなれば、限られた時間を有効に使うことが求められます。忙しくて書く練習をする時間のない人は、スピーキングの勉強をしていれば大丈夫。書くと話すは、自分が学んだ文法と語彙を、紙に書いてアウトプットするか、口に出してアウトプットするかの違いですから。ただ、ビジネス文書の場合、社内の形式に沿って書く場合があるでしょう。業種別のフォーマットもあるかもしれません。それらについては、マニュアルを参照し、覚えておきましょう」（土屋氏）

英語で書く機会を自主的に増やす

日本語を単純化すれば、英文は書ける！

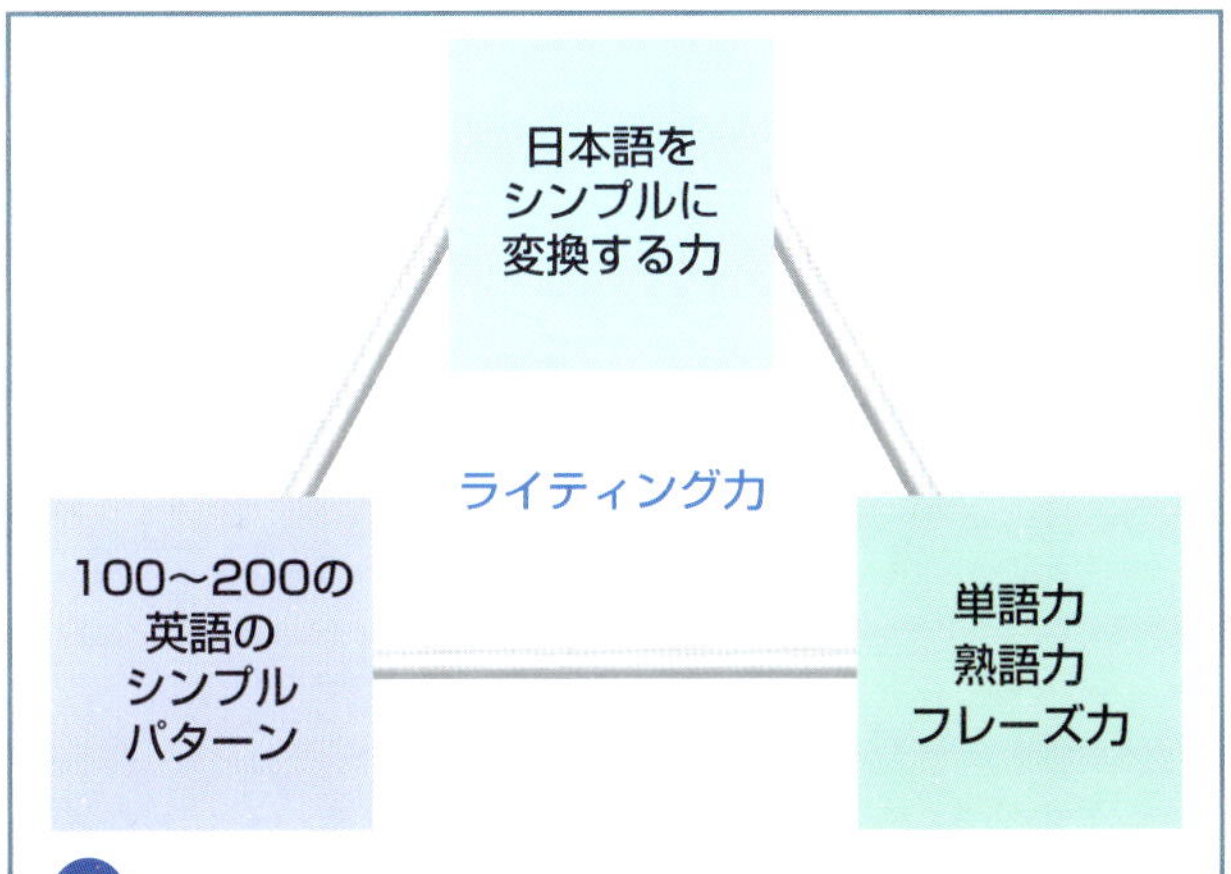

例

原文

ティムは日本語に飽き足らず、中国語にも手を伸ばしている。

シンプリフィケーション

ティムは日本語だけでなく、中国語も勉強している。

英文

Tim studies not only Japanese but also Chinese.

資料：安河内哲也氏への取材をもとに、編集部が作成

「英語が書けると、仕事に役に立つ」と張り切って勉強したものの、実際には、それほど英語で文を書く機会は多くないかもしれない。しかし、ちょっと周りを見渡せば、英語を書くチャンスはいっぱいある。海外の通信販売の申し込み、インターネットで海外のホテルやレストランを直接予約する、あるいはインターネット上の趣味の掲示板、アメリカやイギリスの「アマゾン」に映画や本のレビューを書く、などだ。せっかく、英語の勉強を始めたのであれば、このような機会を積極的に利用して、書く楽しさを味わってみてはどうだろうか？　スピーキングのトレーニングにもなる。また、書く能力を向上させたい人は、自分が書いた文を添削してもらうとよい。

「海外の掲示板やレビューに書き込むことは、書く練習にはなりますが、書きっぱなしで、英文そのものを、誰もチェックしてくれないのが難点。本格的にライティング力をつけようと思ったら、ネイティブに添削してもらうことです。自分でテーマを設定して二百語程度のエッセイを書き、英会話スクールに通っている人であれば、その先生に添削してもらってはどうでしょう？　最近は、インターネットで英語の先生を見つけることもできます。添削してもらったら、赤字を確認して、間違っていた表現を直していきます。続けていくうちに、赤字が減ってくるでしょう。英作文は〝英借文《えいしゃくぶん》〟と、よくいわれます。これはどういうことかというと、英語で文を書くときには、自分で気の利いた文章を起こすことは避けたほうが無難。いままで覚えてきた文法の型、何度も口にしてきた例文を、そのまま借用するといった気持ちで、書いたほうがいいでしょう。会話と同じく、中学校から高校一年生までの文法を勉強すれば〝とりあえず書ける〟ようにはなります。どうしても微妙なニュアンスを英語で表現したいのであれば、ネイティブスピーカーが書いたものを真似しましょう。また、単語、熟語、フレーズなど、語彙を増やすことも、ライティング力アップに直結します」（安河内氏）

　書くためには文法力や語彙力が必要であり、書くトレーニングは話す力につながる。このように考えていくと、ジャンル別に紹介した勉強法は、相互関係にあり、「文法・単語」「読む」「聴く」「話す」「書く」のすべてを一緒に伸ばしていくことが重要といえそうだ。

「英語学習で一番大切なのは、じつはバランス感覚なのです。ところが、日本人の英語学習者には、文法には専門家並みに詳しいのにリスニングができない、ＴＯＥＩＣの点は九百点以上あるのにスピーキングが苦手……など、バランスの悪い人がとても多くみられます。バランスが崩れてしまうのは『話すことが面白い』、『原書で本を読むのが楽しい』など、自分の好きなジャンルの勉強ばかりするからでしょう。もちろん、興味をもって英語学習に取り組むうえで、好きなジャンルがあることはいいことです。でも、そもそも英語力とは、①語彙力（単語力）、②読解力（論理力）、③背景知識、④反射神経、⑤発音、⑥聴解力、⑦文法力、⑧英作文力の八つの方向にベクトルが向いています。そして私は、それぞれに伸びたベクトルの先を結んだ八角形の面積の広さが、その人の英語力だと考えます。あるジャンルだけベクトルが伸びていても、八角形の面積は広がらない。つまり、英語力はアップしないのです。勉強を進めていくうちに、『読解は得意だけれど、発音が苦手』など、自分の弱い部分が見えてくるでしょう。その部分を強化することを意識しながら、八つのベクトルをバランスよく伸ばしていってください。それが、英語力がもっとも伸びていく方法だと思います」（安河内氏）

Writingのお勧め教材

竹岡広信氏 推薦

〝英作文の鬼〟の異名をとる著者が、大学入試の答案として成立する知的な英語と、ネイティブスピーカーの生きた英語の両立をめざした本。長年の指導経験から編み出された60の〝原則〟と67の〝頻出表現〟で、英作文のみならず、英語力全般の向上に役立つ。

『決定版　竹岡広信の英作文が面白いほど書ける本』

▶▶竹岡広信著／中経出版／1,785円

安河内哲也氏 推薦

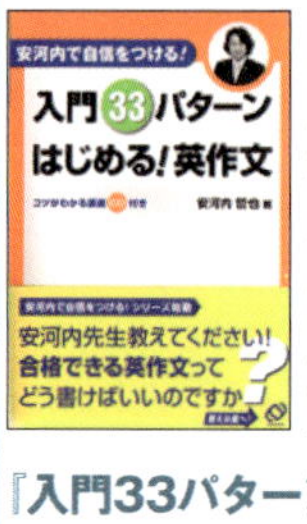

〝受験のプロ〟である著者による、英作文の入門書。和文和訳の方法と33の基本パターンを確実に覚えることをめざす。最小限の学習量で最大の英語力が身につくように、楽しく学べる工夫がなされている。付属CDでは、著者自ら語る英作文の戦略も収録！

『入門33パターンはじめる！　英作文』

▶▶安河内哲也著／旺文社／1,260円

土屋雅稔氏 推薦

「英文を書く人なら誰でも知っている」といわれるライティングの古典。文章作法の指導書として、欧米の大学はもちろん、日本の大学でも使われる。約100ページのペーパーバック。シンプルに、明確に伝わるわかりやすい文を書くことを推奨している。

『The Elements of Style, Fourth Edition』

▶▶William Strunk Jr. & E.B.White著／Longman／959円（参考価格）

※P34～44で紹介した本の値段は、すべて税込みです。

英語のプロが教える習得への最短ルート

学習の落とし穴に注意せよ

「英語を話すのに英文法は要らない」は大間違いだ

アメリカ口語表現の第一人者

市橋敬三

Keizou Ichihashi

英語教育評論家、著述家、アメリカ研究家。長年の滞米生活によりアメリカ英語を身につける。オハイオ州の名門校マウントユニオン大学を、優等（cum laude）で卒業。アメリカ研究学を専攻し、アメリカの歴史、政治、社会、地理、宗教、そして、言語であるアメリカ英語を研究したあと、ニューヨークでビジネス界に身を投じた。これらの体験によりアメリカの真の姿を知悉している数少ない知米家のひとり。

取材・構成：鈴木裕子

30年以上のキャリアから導き出された結論

「英文法を知っているだけではなく、使いこなせるようにすること」そう、英会話上達の秘訣を語る市橋敬三さん。100冊以上の本を著し、数えきれないほどの英語熟達者を育ててきた「英会話教育界の第一人者」だ。会話における英文法の重要性を説く彼に、英語学習の最短ルートを伺った。

＊

――インターネット総合サービスの「楽天」やユニクロを展開する「ファースト・リテイリング」など、社内公用語を英語にする企業が増えてきました。ズバリ、英語学習にとって、そのような試みは有効なのでしょうか。

市橋　今後、日本企業はいっそう海外に進出せざるを得なくなり、そうなると英語は必須です。ですから、社内公用語を英語にする企業が増えて当然でしょう。そしてそれは、ビジネス英語を学習する動機付けとしてとても有効だと思います。ただし、学習の方法が問題で、一歩間違うと英語に対する劣等感を強めることになりかねません。

ビジネスマンの場合、一日も早く英語を使えるようになりたい。しかし、学習する時間をたっぷり取れるわけではありません。ですからついつい『聞き流しているだけで、ある日突然、英語が話せるようになる』というような謳い文句に乗せられがちです。

たしかに、そういった学習法でうまくいく人もいるでしょう。しかし実際には、『いくら聞いていても話せるようにならない』『挫折した』という声が多いのも事実です。

――また、英語を「読む」ことはできるものの、聞き取りや会話はできない。時間とお金を投じて長い間、英会話学校に通い続けているのに、なかなか話せるようにならないと悩んでいる人も少なくないようです。

市橋　30年以上、英語教育の研究に携わってきた経験から言うと、われわれ日本人が英語力を高める鍵は、英文法です。具体的には、中学校の英文法の例文を算数の九九のごとく、何も考えなくても口をついて出るようになるまで暗記する。これに尽きるのです。

中学1～3年の教科書に載っている英文法の例文を暗記すると、頭の中に英語思考回路ができ上がり、目で見るもの耳に入ってくることをすらすらと英語で表現できるようになる。大げさでも何でもなく、夢さえ英語で見始めるようになります。

――しかし、巷には「日本人が英語を話せないのは、最初に英文法を勉強するからだ」と英文法を目の敵にする風潮がありますが…。

市橋　英文法は英語の構造、家で言えば土台、柱です。これを無視していては、本当の意味での英語力はつきません。

英語を話す環境に身を置けば、とくに英文法を学ばなくても大丈夫だろうと思うかもしれません。たしかに、夫婦生活などを送るぶんにはさほど問題ないでしょう。

しかし、ビジネスの場で、英語圏の人々と対等につきあっていこうと考えるなら、英文法のマスターが大前提。それができて初めて、相手と対等に会話ができ、英語をビジネスに生かせるようになるのです。

文法を「理解すること」と「身につけること」は違う

――ただ、中学生の英文法というと、「そんなものはとっくにマスターしている」と反論が聞こえてきそうです。

市橋　そう言う方も、はたしてきち

中1レベルの例文　ひたすら音読してみよう

① He's a fast worker.	（彼は仕事が速いんです）
② He's just a worker.	（彼は平社員です）
③ I work for her.	（彼女は私の上司です）
④ She works for me.	（彼女は私の部下です）
⑤ His line's busy.	（彼の電話は話し中です）
⑥ She thinks fast.	（彼は頭の回転が速いね）
⑦ She has a gift for leadership.	（彼女は人の上に立つ力を持っているね）
⑧ This car's a deal.	（この車は安い）
⑨ I'm leaving Japan tonight.	（私は今晩日本を発ちます）
⑩ Does Monday work for you?	（月曜日はあなたに都合がいいですか）
⑪ Does this outsell that?	（これはあれより売れますか）

んとマスターできているでしょうか。私の指導経験では、社会人の99%が中学1年生レベルの英語を正しく理解していないと感じます。一流大学を卒業した人でさえ、完全にはマスターしていない。英文読解はできたとしても、和文英訳となるととたんにミスが出はじめます。

　試しに、「彼はリンゴが好きです」を英語にしてみましょう。とても簡単な例文ですが、この問題に対する答えで多いのは、

He like an apple.

　あるいは

He likes apple.

　です。しかし、正解は、

He likes apples.

　どこが違うかおわかりですか？　答えは後ほどお知らせするとして、次に疑問形についてはどうでしょう。『彼女は親切ですか？』を英訳してください。回答の中で多く見られるのは、

Does she kind？

　しかし、正解は、

Is she kind?

　です。

　三人称の「s」や、リンゴを総称していう場合には複数形にする、be動詞とdoの使い分けなどといったことは、いずれも中学英文法でも初期の段階で学んでいるはずです。ところが、一流大学卒でも正しく英訳できる人は少ない。これはほんの一例です。

――しかし、「中学英文法を勉強したのに、いっこうに話せるようにならない」という人も少なくありません。

市橋　そういう方は、英文法を理解しただけにとどまっているからです。理解した後、それを応用展開して使わなければ、英会話力は身につきません。先にも述べましたが、英文法をマスターするいちばんの近道は、英文法の例文を暗記することです。文法上の例文を暗記して、算数の九九のような状態にしてあれば、あとは単語をビジネス用語に替えるだけでビジネス英語になりますし、自分の言いたいことはその例文に当てはめれば何でも話せるようになります。

――暗記する際、何かコツのようなものはあるのでしょうか。

市橋　ええ、やみくもに暗記すればいいというわけではありません。まずは、ひとつひとつの例文を、文法も意味も完全に理解すること。また、暗記する際には、英文を黙読するだけではいけません。文法的な理解をしっかり脳に刻みこむためには、小さな声でブツブツ言うのでもダメ。実際に話をするように口を開け、きちんと発音しながら音読することが肝心です。

　例文が九九のような状態になるには、1つの例文について最低80回、理想としては130回、音読する必要があります。その際には精神統一をし、各例文の状況を目に浮かべながら行うと効果的です。

　なお、音読するときには、あらかじめその同じ例文をネイティブ・イングリッシュでしっかり聴いて正しい発音、イントネーションを確かめてから行うのが理想的。英文法のテキストに付録としてついているCDを利用するといいでしょう。

――どのくらいの量の例文を暗記すればいいのでしょう。これとこれだけは必ず押さえておくべき、という例文はありますか？

市橋　中学1年レベルの英文法からスタートして、それがマスターできたら2年、次に3年……と進んで、各文法について主要な例文を合計で200ぐらい暗記してください。ただ、200というのは一つの目安で、もっと多くの例文を暗記できればそれに越したことはありません。

　そして大切なのは、暗記した例文を日常生活の中でもどんどん使うことです。家族や友人と話をするときに英語を使ってみたり、見るもの聞くものを英語で考えてみる。そうすることによってだんだん、例文が自分のものになっていくのです。

　この段階になると、耳から入ってくる英語が聞き取れるようになります。また、アメリカ人と会話をしていても、言葉に詰まることなくスムーズに話ができ、こちらの言いたいことを相手に誤解されることもなくきちんとコミュニケーションが取れるようになります。そう、『聞き流しているだけで』リスニング力がつくのも、英会話教室で英語力を磨くことができるのも、すべてその土

台、つまり英文法が完全にマスターできていることが大前提なのです。

語彙習得の際の落とし穴

――まずは、英文法の例文をしっかりマスターする。ビジネス英語を含め、英単語の語彙を増やすのはその後でも遅くない？

市橋　ええ、遠回りに思えるかもしれませんが、まずは中学の英文法を。語彙を増やすのはそれからです。単語を覚える際も、たとえばビジネス用語であれば実際にビジネスの場でその言語を使うシーンを想定しながら、文章で覚えるようにすると効率的です。

ただし、ここでひとつ重大な問題があります。あなたの使っている英語辞典に誤りがないかどうか、ということです。辞典が間違っているなど、考えたこともないでしょう。しかし実際には、誤りがたくさんあります。

たとえば、『shipping company』。この単語の日本語訳を『船会社』としている辞典がとても多いのですが、実際には船だけでなくトラック、飛行機、電車による『輸送会社』として広く使われています。なぜならshipは『船』という意味だけでなく、動詞で使うsendの意味も持っているからです。

『just』は、『ちょうど』と訳している辞典がほとんどでしょう。例文として、It's just 5:00.とあるとしたら、その和訳は『ちょうど5時です』となっている。しかし、正しい訳は『まだ5時です』。『ちょうど5時です』という意味の英語は、It's exactly 5:00.です。

また、『ちょうど100ドルです』と言う場合は、$100 even.であって、just $100.とは言いません。

justが『ちょうど』の意味で使われるのは、時刻や金額などの数字が出てこないとき。たとえば、That's just what I was going to say.＝『それはちょうど、私が言おうとしていたことです』という場合なのです。

こうした誤りは、挙げればきりがありません。『辞書と首っ引きで英単語を覚えたのに、それを使ったらアメリカ人の商談相手に誤解され、コミュニケーションがとれなかった』という話を、私はよく耳にします。

――英語辞典選びには慎重を要しますね。

市橋　ビジネスの場で使える英語を話したいと考えているなら、英和辞典・和英辞典よりも私の書いた『アメリカ英語表現辞典』、『アメリカ口語表現辞典』といった辞典を使ったほうがいいです。より正しい意味、表現が載っています。

――英文法をマスターすることのほかに、ビジネス英語のレベルを上げるために抑えておくべきことはありますか？

市橋　日本とアメリカの文化の違いですね。これは、話し方に大きく影響します。

アメリカは論理社会なので、何か主張するとき、伝えるときには三段論法で、まずは結論を言います。ところが日本では、結論を後に回し、枝葉の部分から話し始める。英語を使うときもその調子で話をしていると、相手のアメリカ人としては『何が言いたいのか。早く結論を言ってくれ』と、イライラしてしまう。そこへもってきて、意味を誤って単語を使うと話がますますちんぷんかんぷんになって、最悪の場合、商談が失敗に終わることになりかねません。

また、日本は集団社会のため、みな強い自己主張を避けますが、対してアメリカは個人主義社会。まず自分の意見を示さないと魅力がない、個性がないと捉えられてしまいます。とくにビジネスの場では、遠慮をせずにきちんと自己主張をすることが重要です。

ビジネス英語をものにしたい。そう考えるなら、ぜひ、英文法の例文を暗記しながら、こうした日米文化の差についても学び、研究してください。

市橋氏の推薦書籍 2

1 日本の英語教育の第一人者が説く、最強の英語勉強法

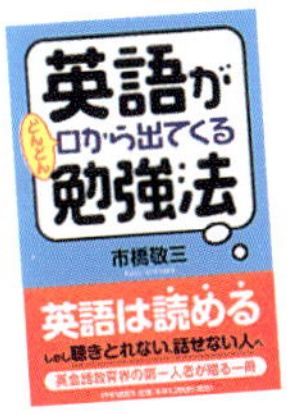

「英語の長文読解は得意だけど、リスニングと英作文が苦手」「英語の文章は読めるけど、話すのはさっぱり」日本人に英語が苦手な人が多いのは、勉強の仕方が悪いからである。英語教育の第一人者が、日本の誤った英語教育に警鐘を鳴らす！

▶英語がどんどん口から出てくる勉強法
市橋敬三（著）／PHP研究所／1,260円

2 中上級の英会話学習者の総仕上げに！

「英文法を知っているだけでなく、使えるようにする」という黄金のメソッドを実践する本シリーズの最終巻。やや高度な使役動詞、感覚動詞、未来表現、動名詞、強調表現、分詞構文、仮定法などの文法事項もしっかりと使いこなせるようになる。「超入門編」「入門編」「初級編」「中級編」もおすすめ。

▶必ずものになる 話すための英文法　Step7［上級編］
市橋敬三（著）／研究社／1,890円

英語のプロが教える習得への最短ルート

NHK英語講座フル活用派

1日15分のラジオ講座をひたすらつぶやく

NHK講座の魅力は「安い」「質が高い」「サボりにくい」

「三十二歳で勉強を始めるまで、英語をひと言も話せなかったんです」と語る川本佐奈恵さん。それがいまや、二つの英会話スクールを運営し、講師として英語を教えるかたわら、日本を訪れる外国人を相手に通訳や観光案内もこなすほどの英語の達人に。しかも、「学習に使った教材はNHKのラジオ講座だけ」というから驚きだ。

＊

「専業主婦として三人の子育てに追われ、英語とは無縁の生活でした。そんな私が英語の勉強を始めたのは、『このまま何一つ成し遂げることなく、歳をとっていくのは絶対にイヤだ』という気持ちがあったから。それで、いちばん下の子供が幼稚園に入り、少しだけ自分の時間がもてるようになったとき、『この時間を活用して何かに打ち込んでみたい』と思ったのです」

英語を選んだのは、「外国の人に道を聞かれて答えられなかった経験があったから」という、ごく単純な理由だったそう。まずは英会話学校をいくつか当たってみたが、受講料が高額だったために断念。その後、地元の公民館で英会話サークルが開かれていると知り、そこに参加することにした。

「ところが、会話にまったくついていけなかった。なにしろ当時の私は、“Where do you live?”という簡単な質問さえ聴き取れないレベルでしたから。それをみかねたある方が、『これで一緒に勉強しましょう』と勧めてくれたのが、NHKの『ラジオ英会話』だったのです」

NHK講座の魅力は、安くて手軽（テキスト代が月に四百～五百円かかるだけ）なのに質が高いこと。

「また、通常の教材だと、『いつで

川本氏のNHK英語講座ヒストリー

1年目　『ラジオ英会話』をリスニング＆リピーティング

テキストの日本語の部分をざっと読んだら、あとは「音声を聴き、声に出して真似する」ということを毎日ひたすら繰り返した。これを1年ほど続けた結果、口の筋肉が鍛えられ、簡単な表現であればスンナリと口から出るようになった。

2年目　『ラジオ英会話』をディクテーション　『基礎英語3』で文法をおさらい

当時の『ラジオ英会話』では、番組の冒頭にネイティブが1分間ほどおしゃべりをするコーナーがあった。その部分はテキストに収録されておらず、自分の耳だけを頼りに聴こえてきた英語をノートに書き取るようにした。併せて、『基礎英語3』で文法をおさらい。ただし、こちらはあくまでも副教材という扱い。

3年目　『やさしいビジネス英語』をディクテーション

『ラジオ英会話』の冒頭の1分間トークコーナーがなくなってしまったので、ディクテーションをする番組を『やさしいビジネス英語』に変更。現在も、同じ杉田敏先生担当の『実践ビジネス英語』で、毎朝ディクテーションをしている。

英会話スクール「English Time」代表

川本佐奈恵

Sanae Kawamoto

1960年生まれ。32歳のとき、3人の子育てをしながら英語の学習を始める。ひと言も話せない状態からのスタートだったが、NHKのラジオ講座と公民館の英語サークルだけで力をつけ、学習を始めて4年目には子供向けの英会話教室を開校。現在は埼玉県で英会話スクール「English Time」と英会話カフェ「Sunday English Time」を主宰。また、「Tokyo Free Guide」のメンバーとして、外国人観光客に対してボランティアで通訳も行なっている。著書に『NHKの英語講座をフル活用した簡単上達法』（祥伝社黄金文庫）ほか多数。

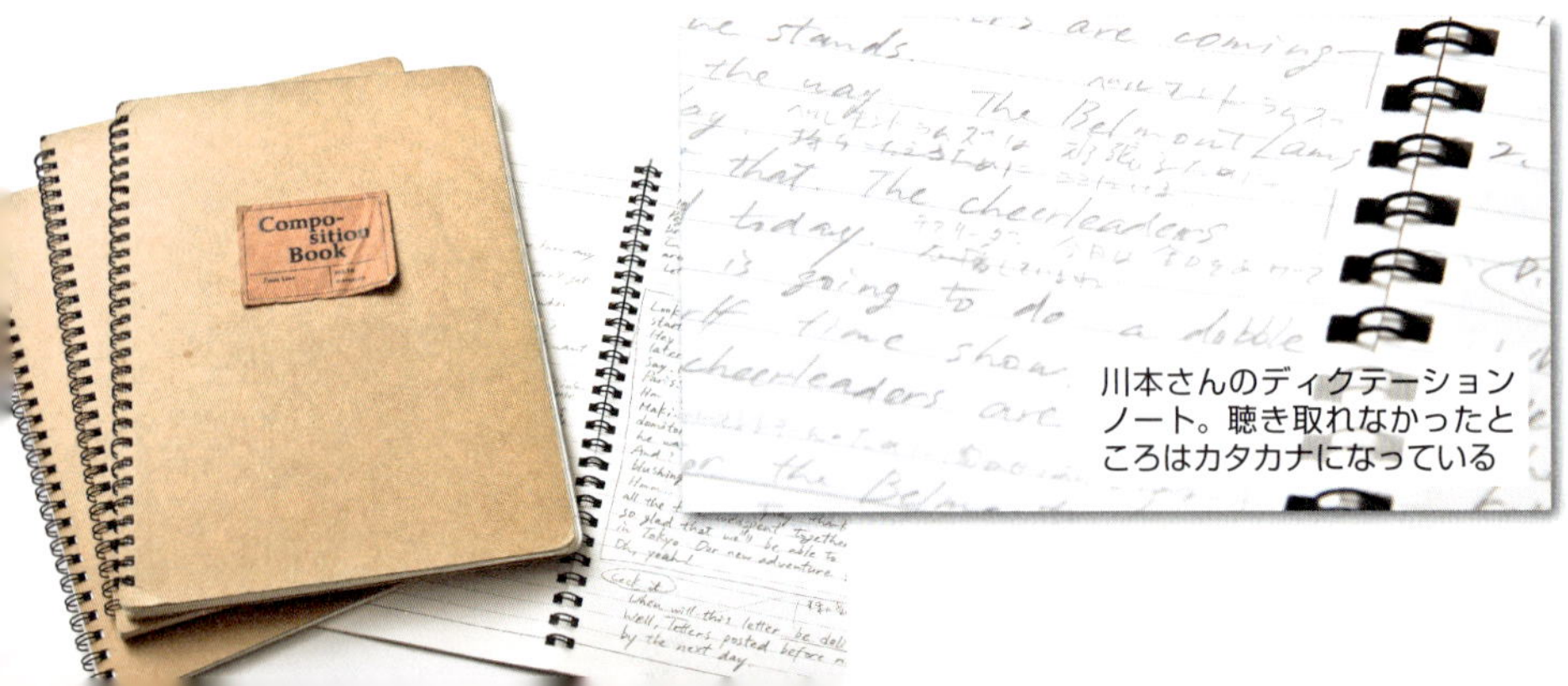

川本さんのディクテーションノート。聴き取れなかったところはカタカナになっている

取材・構成：塚田有香　撮影：丸谷裕一

NHK英語講座で学習するときのポイント7

1 テレビよりラジオがお勧め

英語学習に向いているのは、音しかない（＝音に集中できる）ラジオのほう。テレビは映像があるので、ついそれが助けとなり、なんとなく英語がわかったような錯覚に陥りがち。

2 テキスト（講座）は1本に絞る

これ！　と決めたら、その講座だけを最低1年間は続ける。「どれも15分番組だから、2つ3つは聴ける」と思ったら大間違い。あれもこれも手を出すと、どれも中途半端に終わる。

3 テキストは必ず買う

テキストを買わずに耳だけで聴くというのは上級者の勉強法。一方、CDは買う必要なし。買うと「いつでも聴ける」という意識が働いてしまい、毎日聴く習慣の妨げになることも。

4 録音は2週間以上残さない

音声は繰り返し聴く必要があるので、必ず録音しておく。ただし、たんなるコレクションで終わらせないために、「2週間以上は残さない」と決めておくこと。

5 文法は後回し。まずは会話から

まずは英会話中心の講座から。母国語の日本語を覚えたときも、最初は会話から学んだはず。ある程度話せるようになったところで文の構造を勉強したほうが、のみ込みも早い。

6 必ず声を出して真似する

聴くだけでなく、口に出して真似することが大切。その際、発音、リズム、イントネーションなどをなるべく忠実に真似るようにしよう。決して自己流の英語で話さないこと。

トレーニングの流れ…聴く（リスニング）
↓
真似してそのまま口から出す（リピーティング）
↓
意味を理解する
↓
さらに英語筋を鍛える（シャドーイングなど）

7 1日5分でも毎日続ける

全部を真剣にやろうと思うと無理が出る。できる範囲でいいので毎日続けること。

資料：川本佐奈恵氏への取材をもとに、編集部が作成

英語をやり直そうという社会人にお勧めの番組は、『ラジオ英会話』です

「本屋でパラパラとテキストをめくってみて、自分のいまの実力より2段階上のテキストを選ぶのがポイント。自分の英語力がよくわからないという方は、まず『ラジオ英会話』から。これを1年やったうえで、『基礎英語1～3』のどれかで文法をおさらいし、『入門ビジネス英語』『実践ビジネス英語』に進むのがお勧めです」（川本さん）

もできるから今日はいいや』となりがちですが、NHK講座は毎日放送があり、どんどん先に進んでいくので、サボれないんです（笑）」

最初は「カラオケ方式」で英語を覚えていった

ただし、たんに放送を毎日聞き流していただけなら、それほどの上達は見込めなかっただろう。川本さんが実践した学習法の最大の特徴は、「毎日十五分の放送を録音し、それを聴いては真似して口から出す」という作業をひたすら繰り返した、という点にある。

「『ラジオ英会話』の主なコンテンツは、日常のさまざまな場面を想定したダイアローグ（対話）で、それをネイティブの講師が発音してくれます。私は意味がよくわからなくても、とにかく真似をして、少しでも録音された音声に近づくようにしました。カラオケで歌を覚えるときと同じです。料理をしているときも洗濯をしているときも、耳にイヤホンを突っ込んで音を聴きながらブツブツ。ご近所にはとてもみせられない姿でした（笑）

最初はワンフレーズごとに録音を止め、忠実に音を再現する「リスニング&リピーティング」という練習方法を実践。慣れてきたら、音声を少し遅れて追いかけながら声に出す

「シャドーイング」や、音声の上に自分の声をかぶせるようにして同時に発音する「オーバーラッピング」などの練習方法も取り入れた。こうして一年後には、簡単なフレーズならスラスラと口から出てくるようになったという。

　英語学習というと「まずは文法から」と考える人も多いが、「**文法は後回しでいい**」と川本さん。

「文法の勉強って、つまらないですよね（笑）。だから長続きしない。でも、音を真似するだけなら、自分が上達していくのが実感できて楽しいし、達成感も得られる。音の模倣から入るのは、飽きずに続けるためのコツでもあるんです。

　それに文法は、英語の口慣らしをある程度やってから勉強したほうが理解しやすい。私は『ラジオ英会話』を聴きはじめて一年後に、文法を基礎から学べる『基礎英語3』という番組も聴きはじめたのですが、学生時代に苦手だった文法が面白いように頭に入ってきたので驚きました。おそらく、繰り返し口に出すうちに、言葉の並び方や動詞変化のパターンが、自然と頭に入っていたからでしょう」

ディクテーションで〝耳が開く〟ように

また、二年目から「ディクテーション」（音声を聴きながら、書き取ること）も始めた。

　当時の『ラジオ英会話』では、番組の冒頭でネイティブが一分間ほどおしゃべりをするコーナーがあった。その部分は市販のテキストにも収録されていなかったが、川本さんは自分の耳だけを頼りに、聴こえてきた英語をノートに書き取ることにしたのだ。

　すると、「それまで自分がいかに英語をいい加減に聴いていたか」を痛感したという。

「最初は何度聴いても、何を話しているのかさっぱりわかりませんでした。ノートも穴ボコだらけ。それでも毎日続けていると、少しずつ聴き取れる部分が増えていくんですね。こうして徐々にですが〝耳が開いて〟いったのです」

　ディクテーションは、集中力を高めるいちばんの学習法。始めて一年経ったころには、ノートの穴ボコがだいぶ減っていたという。

　ただ、「正解」のテキストがないなかで不安はなかったのだろうか。

「正解がないのがかえってよかったんですよ。正解が手許にあると、二、三回聴いただけですぐ答えをみちゃうので（笑）。何度聴いてもどうしてもわからないときは、飛ばして次に進むようにしていました。ディクテーションにかぎらず、『**完璧をめざさないで、六、七割できたら先に進む**』のが、英語の勉強を長続きさせる秘訣ですから」

　このディクテーションは、現在も継続中。三年目からは『やさしいビジネス英語』を、いまは『実践ビジネス英語』をディクテーションの素材として使っている。すでに足かけ十八年にわたってNHKのラジオ講座を聴き続けていることになるが、なぜ挫折せずに続けることができたのだろうか。

「いちばんの理由は、学習仲間をつくったことだと思います。勉強を始めて一年ほどは、NHKのラジオ講座を勧めてくれた友人を相手に、週に一度、ダイアローグのロールプレイングをしていました。

　ディクテーションを始めてからは、『やさしいビジネス英語』を聴いている人が集まるメーリングリストを見つけて、そこに自分が書き起こした英文を毎日投稿することにしました。すると、私の投稿を欠かさずチェックして、『ここはこの単語が入るんじゃない？』などと添削してくれる人が何人も現われた。そうなると、こちらも勝手にやめるわけにはいかない。『よく聴き取れたね！』といった励ましの言葉も支えになりました」

　川本さんはほかにも、「**つねに英語の勉強をやらざるを得ない状況に自分を追い込む**（例：通訳のボランティア団体に参加する）」「朝型生活に転換し、勉強時間を確保する」など、自分をサボらせないためのさまざまな工夫をしてきた。

　それでも挫折しそうになったときは、初心に戻ることで自分を奮い立たせたという。

「ここでやめたら、『自分は何も達成していない』という負い目を感じていた昔の自分に戻ってしまう。そうした自分を変えたいという思いが強かったから、勉強を続けられたのだと思います。実際、性格も変わりました。『忙しいから』『子供がいるから』などと言い訳をいうことがなくなりましたからね」

川本氏の「英語学習を続けられるコツ」とは？
完璧をめざさない。六、七割できたら先に進もう

英語のプロが教える習得への最短ルート

通勤&スキマ時間活用派

細切れ時間を有効活用し、シャドーイングを繰り返す

㈲ラーナーズジム代表取締役
安達洋
Hiroshi Adachi

英語「格差」社会の飛び越え方
安達 洋

1964年生まれ。中央大学法学部法律学科卒業後、繊維商社を経て、外資系医療機器商社で、プロダクトマネージャーなどを務める。30代前半でTOEICスコア900点超えを達成。その後、英語教授法を学ぶために、コロンビア大学大学院へ進学、修士課程を修了。現在は企業研修講師集団ラーナーズジムを主宰し、多数の東証一部上場企業の社員向け英語教育に従事。著書に、『英語「格差」社会の飛び越え方』（扶桑社）、『ビジネス英語〈短期戦略〉マネジメント』（光文社新書）ほか多数。

取材・構成：川端隆人　撮影：永井浩

机に向かって英語を勉強したことはほとんどない

英文科を卒業したわけでも、海外留学経験があるわけでもない。しかも、勉強を始めたのは社会人になってから……。

そんな不利な条件が重なるなか、独学で英語をマスターし、外資系医療機器商社で活躍。現在は、「英語企業研修のカリスマ講師」として知られるまでになった安達洋氏。

驚かされるのは、そんな安達氏がほとんど机に向かったことがなく、通勤時間などのスキマ時間の勉強だけで英語をマスターしたということ。安達氏を英語の達人にした〝スキマ時間勉強法〟とは、いったいどんなものだったのか。

＊

「当時はバブルのまっただ中。自分のスキルはたいして上がっていないのに、給料だけは年々上がっていく。でも、『こんなことがずっと続くわけがない』という漠然とした不安感がありました」

二十代半ばで英語の勉強を始めたきっかけを、安達氏はこう語る。

「『何かをしなきゃ』とは思うんですが、何をしたらいいのかがわからない。ともかくやっておいて損はないと思ったのが英語でした」

とはいえ、周囲に勉強法を教えてくれる人はいない。安達氏がとりあえず始めたのが、同時通訳の訓練法として本で紹介されていたシャドーイング（英語音源を聴きながら、追いかけるように自分でも発音する）だった。

「ホームで電車を待っているときや歩いているときに、ヘッドホンで音声を聴き、周囲に怪しまれない程度の小声でつぶやいていました（電車のなかでは唇を動かすだけ）。**最初は一日五分程度でした**」

短時間でもかまわないが、その代わり聴くときは完全集中する、というのが安達氏のやり方。集中するために、最初は音源の内容をあらかじめテキストで読み、理解したうえで聴くことも心がけた。

「教材は、『**テキストと音源がセットになっているもの**』で、『**適度な時間（一～五分）のスキットやセクションごとに内容が仕切られているもの**』がいいですね。私の場合は、

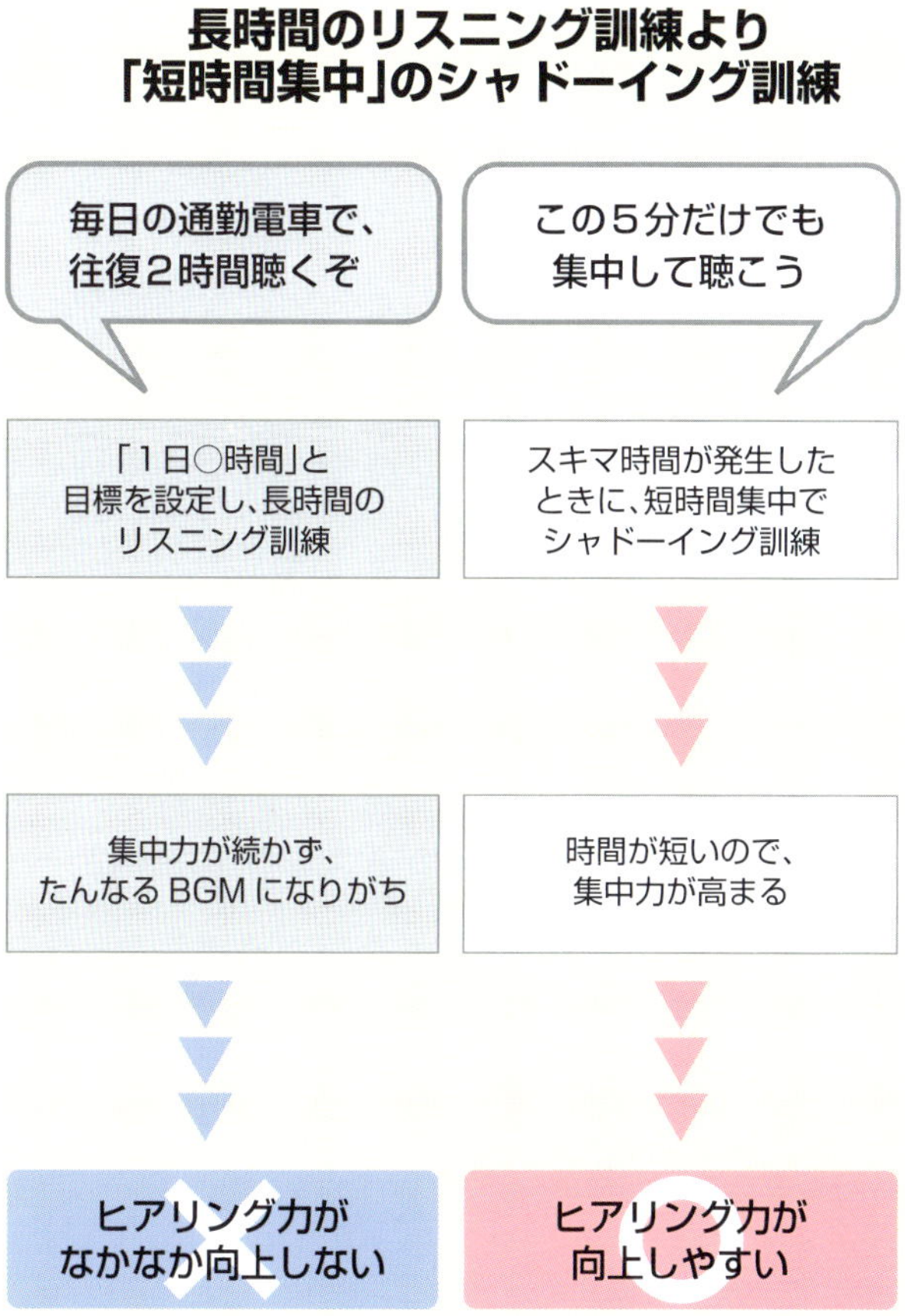
長時間のリスニング訓練より
「短時間集中」のシャドーイング訓練
毎日の通勤電車で、往復2時間聴くぞ
この5分だけでも集中して聴こう
「1日○時間」と目標を設定し、長時間のリスニング訓練
スキマ時間が発生したときに、短時間集中でシャドーイング訓練
集中力が続かず、たんなるBGMになりがち
時間が短いので、集中力が高まる
ヒアリング力がなかなか向上しない
ヒアリング力が向上しやすい

今日から情報感度が磨ける

「Bloomberg.com」がお勧め！

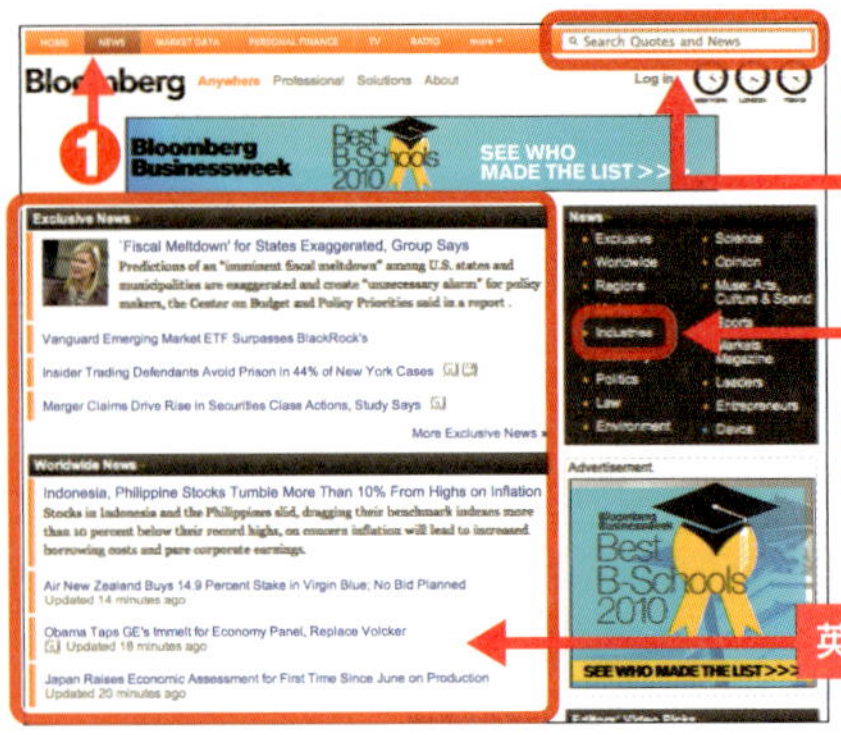
②
キーワード検索で、過去記事にもアクセスできる
「Industries」をクリックすると、さらに細かい業種ごとの記事がラインナップされている
英語がわかりやすい

【読み方】

①左上の「NEWS」をクリック

②検索欄に、自分の仕事と関係のある業種名・地域名、気になるキーワードなどを入力して検索

③見出しをざっとみて、いいニュースか悪いニュースかだけまずチェック

④気になる記事があったら、「拾い読み」して大意をつかむ

（詳細な意味はわからなくてもいい）

「『Bloomberg』のサイトにいって、ニュースの見出しのなかから自分の知っている社名を見つけます。そして、その後についているのがポジティブな動詞か、ネガティブな動詞かを判断するんです。これを毎日続けるだけで、なんとなく経済のトレンドがみえてきます。情報感度を磨きながら英語に慣れていくことができるので、英語初心者でも、今日から即実践してほしいですね」（安達氏）

辞書を引く手間が省ける！

「マウスオーバー辞書」を使えば

英文サイトもラクラク読める！

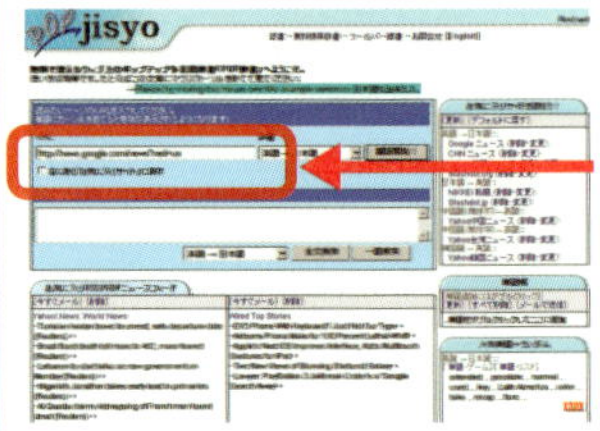

「マウスオーバー辞書」は、英文サイトの単語にマウスのカーソルを合わせると、その日本語訳をポップアップで表示してくれるというもの。上は、その一つである「POP辞書」(http://www.popjisyo.com/) のトップ画面。

①「URL」の白枠に、翻訳したいサイトのURLを入力

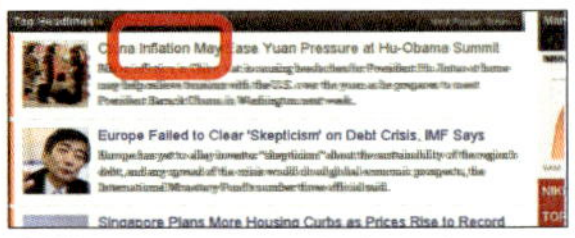

②単語にカーソルを合わせると……

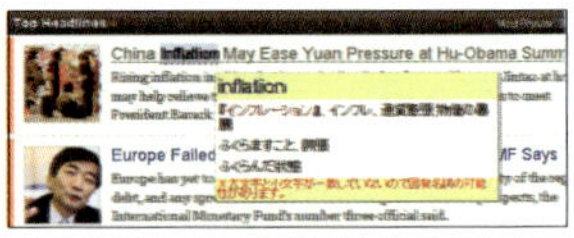

③自動的に日本語訳が表示される

「辞書を引く手間が省けるので英文を読むのが億劫でなくなるうえに、語彙の幅も格段に広がります。基礎的語彙はほとんどカバーされていますから、基礎的語彙→POP辞書、上級レベル語彙→電子辞書、辞書に掲載されていない時事用語→ネット検索、と使い分けるといいでしょう」（安達氏）

TOEICの模擬試験を使いました。試験勉強にもなるので、一石二鳥だと思って」

また、学習効果を高めるためにこんな工夫も。

「どうしても聴き取れない箇所があったら、電車を下りてすぐ喫茶店に入る。そこでテキストを開き、何といっていたのか確かめます。『知りたい』という気持ちが新鮮なうちにおさらいすると、頭に入りやすいんです」

その後も安達氏は地道なシャドーイングを五年ほど続け、その間に外資系企業への転職も果たした。

「いまから考えれば、シャドーイングと並行して速読の練習もしておけば、もっと上達が早かったでしょうね。読むスピードはリスニング力に直結しますから」

そこでこれから勉強を始める人には、こんなやり方を勧める。

「まずテキストで日本語訳を速読します。急いで書類に目を通すときなど無意識にやっていることだと思いますが、**ポイントを〝拾う〟つもりで速く読む**。その感覚をもったまま、今度は英文を速読するようにしてみてください」

「カタカナ英語上司」に出会って意識が変わる

勉強を始めた当初は、「仕事で英語をどう使うかイメージできなかった」という安達氏。その後、外資系医療機器商社に転職すると、さまざまな発見があった。

たとえば、ある日本人上司はカタカナ英語丸出し。しかも、中学英語をベースにしたようなシンプルな構文で話していた。

「そのぶん、彼の英語は主語と述語が明確で、『結論→理由』という論理構造もクリアだった。カタカナ英語で、いつもスムーズに交渉を進めていたのを覚えています」

この上司をみて安達氏は、「**英語はパソコンと同様、仕事を進めるための道具にすぎない**。大事なのは、どれだけ流暢に話すかではなく、それを使ってどんな成果を出すかだ」と気づいたという。

また、パソコンと同じように、「自分の仕事で必要なものだけ身につければ十分」という割り切りも学んだ。

「外資系企業だからといって、すべての業務を自前の英語力でこなさなければいけないわけではありません。メールのやりとりや社内でのプレゼンといったレベルの英語力は必要ですが、重要な商談や公式文書の作成といった場面では、外資系企業でもプロの通訳・翻訳者を介在させることが多い。こうした場で必要なのは、むしろ通訳しやすい論理的な日本語をしゃべることであったりし

ます。自分の英語の〝守備範囲〟を見極め、その範囲でマスターすれば十分です」

また、外国人相手の仕事を積み重ねるなかで、こんな超実践的な〝力技〟も身につけたという。

「リスニング力が足りないなら、質問力を鍛えること。たとえば、『英語を身につけるには一日何時間の勉強が必要？』という問いには、『一時間』とか『三十分』といった答えしかあり得ない。つまり、こちらから質問すれば相手の発言に枠をはめられる。これでリスニングはかなりラクになります」

必ず続けられる「一日五分間勉強法」

独学でとくに難しいのが、学習の継続だ。この点について安達氏は、**「英語はほかの勉強より継続しやすい」**と語る。

「資格試験などの勉強は頭を使いますが、英語の勉強はひたすらシャドーイングするだけですから頭を使わない。だから、頭が疲れている帰りの電車のなかでも勉強できる。英語は仕事しながら続けるのに適した勉強だと思います」

また、経験から生み出したこんな秘策も伝授してくれた。

「一日のノルマを五分に設定するんです。これなら継続が苦にならない。大事なのは勉強時間ゼロの日をつくらないこと。たとえ五分でも、一年間続けられれば自信がつきますし、いずれは英語が楽しくなって思わず三十分、一時間とやってしまうときが必ずきます」

スキマ時間の積み重ねで着実に英語力を養った安達氏は、三十代前半でTOEICスコア九百点超えを達成。仕事では英語で苦労することはなくなった。その後、英語教育のプロとなるべく、アメリカの大学院に進学し、現在に至る。

「いまは英語ではなく、中国語を勉強しています。英語は『勉強する』ものではなく、情報を得るための手段として『使う』ものという位置付けですね」

安達氏が現在定期的にチェックしているのは、イギリスの新聞『Financial Times（以下、FT）』や、アメリカの金融・経済情報サイト『Bloomberg』など。

「リーマンショックの報道で、日本の新聞は『FT』より約一週間出遅れていました。もし『FT』を読んでいたら、株式投資などの損失額をもっと少なくできた日本人はけっこういるはずです。

逆に、海外のトレンドや流行情報を英語でいち早くつかみ、日本で流行《はや》る前に手を打てば、大きなビジネスチャンスになります」

たしかに英語のメディアやサイトをチェックするようにすれば、入手できる情報の量も質も飛躍的にアップする。だがそれができるようになるまでには、そうとうな月日が必要なのではないだろうか。

「それは大きな誤解です。**『情報収集のために英語を読む』ということは、英語初心者でも今日からできます**。単語の意味がわからなければ、電子辞書で調べればいいですし、文章を完璧に理解する必要もまったくない。一日五分英語のサイトをみて、なんとなく『世界の雰囲気』をつかむだけでも、情報感度は飛躍的に高まりますよ」

安達氏の「英語学習を続けられるコツ」とは？
大事なのは勉強時間ゼロの日をつくらないこと

一夜漬け準備で即実践派

英語の勉強よりもコミュニケーションに集中

ゴールドラット・コンサルティング
ディレクター兼日本代表
岸良裕司
Yuji Kishira

1959年、埼玉県生まれ。84年、東京外国語大学ドイツ語科卒業後、京セラ㈱に入社。半導体部品事業本部にて、新市場開発、マーケティング戦略、海外営業を担当。2003年、ソフト開発会社の㈱ビーイングに入社し、経営改革を実践。その活動範囲は会社の枠を超えて他企業や行政にまで及び、成果の一つである「三方良しの公共事業」がTOCの権威であるゴールドラット博士に絶賛される。2008年より現職。著書に、『出張直前！　一夜漬けのビジネス英会話』『マネジメント改革の工程表』（ともに中経出版）ほか多数。

取材・構成：川端隆人　撮影：永井浩

英語の「勉強」の代わりに「事前準備」に力を入れた

世界中で一千万人に読まれたといわれるベストセラー『ザ・ゴール』。その著者である物理学者にして経営コンサルタントのエリヤフ・ゴールドラット博士が、自らスカウトしたのが岸良裕司氏だ。

いまや各国の政府機関・企業から講演やコンサルティングで引く手あまたの岸良氏だが、じつは英語はまったくの独学だという。

いや、独学という表現は不適当かもしれない。岸良氏の英語は「勉強」をやめ、日々の仕事のなかで「一夜漬け」を繰り返すようになって上達したのだから。

＊

岸良氏が英語を学びはじめたきっかけは、京セラ㈱時代のこと。

「技術系の仕事をやっていきたいと願っていた僕を、宴会芸がうまいからというだけで海外営業部に引っ張った上司がいたんです（笑）。そこから苦労が始まりました」

当時の岸良氏は英語が大の苦手。海外の顧客から電話がかかると、「『うわ、外人だ！』といって、ほかの人にあわてて受話器を渡していた」という。もちろん、苦手を克服すべく勉強は試みた。

「新しい英会話本が出るたびに買ってみるんですが、よくて十ページ、下手をすると前書きを読んでいるうちに寝てしまう。そこで英会話のテープを聴いてみると、これがまたよく眠れるんです（笑）」

ベッドの横にどんどん積み上がっていく英会話の教材。しかし、英語はまったく上達しない。

「そんな状態なのに、あるとき海外に出張することになってしまったんです。海外旅行にもいったことがなかった当時の僕は、完全にパニック。でも、そこで考えたんですよ。『英語が話せるようになりたい』とずっと思っていたけど、それはほんとうの目的かと」

岸良氏の出した結論は、「自分の目的は、あくまでも仕事で成果を出すこと。英語は手段の一つにすぎない」というものだった。

「そこから発想が変わった。成果を出すには、海外のお客様とコミュニケーションができればいいんだから、**身振りや図、筆談だって使える**じゃないかって」

英語の「勉強」をやめた岸良氏が、代わりに力を入れたのは「事前準備」だった。まず、顧客へのプレゼン資料を英語で作成する。

「これは絶対に自分で作成すべきです。いまは翻訳ソフトも進んでいますからね（P. 55参照）。苦労してつくると、単語が自然と頭に入ってくるんですよ。さらにプレゼンの練習で何度か口にしていれば、完全に覚えてしまいます」

だが、商談では相手からの質問にも答えなければならない。

「これについては〝予知能力〟で対処できます。どんな話や質問が出てくるのかを、事前にシミュレーションするのです。商談で話すのは自分の専門分野ですから、相手がどんな質問をしてくるかは、だいたい予想がつくはずです」

現地に着いたら、本番前に必ず**プリミーティング**を行なう。ここでは現地の人に、予行演習を兼ねてプレゼンをみてもらい、質問をしてもらうそうだ。

「すると、想定問答集までできてしまうので、準備はバッチリです」

「うまく話せる」ことより「伝わる」ことが大事

そしていよいよ本番。冒頭、ホワイトボードに今日の議題（アジェンダ）を列記していく。そして、「フ

岸良氏の秘密兵器3

1 翻訳ソフト『ATLAS』はプレゼン資料作成の強い味方

岸良氏が愛用している翻訳ソフト。日本語で作成したプレゼンのパワーポイントも、ボタン一発で英語に自動変換してくれる。翻訳の精度も驚くほどいいそうだ。

「とりあえず自動翻訳して修正する。一から英語に直すよりはるかにラクです」（岸良氏）。

ATLAS
V14
翻訳スタンダード

写真は『ATLAS翻訳スタンダードV14.0』
（富士通ミドルウェア、実勢価格は約6万5,000円）

2 日本語版と英語版がある『ニューズウィーク』

Newsweek
スーパーパソコン
Newsweek
Mr. Chips
Steve Jobs Shakes Up the Computer World—Again

若かりし日のスティーブ・ジョブス。実際に使った『ニューズウィーク』はいまでも宝物だという

日本語版と英語版を両方購入し、まず日本語版から読むのが岸良流。そして、「これって面白いなあ」と思った記事だけ、英語版も読む。

「わからない単語があっても辞書は引かず、日本語版に戻って確かめる。超一流のプロによる翻訳ですから、これ以上の教材はありません」（岸良氏）。

海外出張にいく飛行機のなかで読み、ディナーのネタにしたことも。

3 英語で書かれた「日本の観光ガイドブック」

外国人が日本人から聞きたいのは「日本の話」。そこで岸良氏が勧めるのは、「英語で書かれた日本の観光ガイドブック」でネタを集めること。

「日本文化を英語で説明する、といった本も意外とたくさんありますし、外国人向けに書かれているので、わかりやすい。日本という国の素晴らしさを発見する機会にもなります」（岸良氏）。

THE ROUGH GUIDE to
Japan
Japan

アースト、ジス。セカンド、ジス……」と話す。相手がうなずいたら、あとは日本で練習したとおりプレゼンするだけ。ここで大事なのは、「言いたいことが伝われば、英語なんてうまく話せなくてもいい」という思い切りだという。

「普段、日本語でだって必ずしも正しい文法で話しているわけではないですよね。『これ、いいですよ』などと平気でいうじゃないですか。だとすれば、英語だって『**ジス、グッド！**』でいいわけです。

それに、同じ分野の人間同士であれば、共通の専門用語や知識のベースもある。ですから、資料の該当箇所を指さして単語や数字をどんどん羅列し、それに『**グッド、バッド、ベター**』といった言葉を加えていけば、たいていのことは十分通じるんです」

実際、岸良氏と海外出張にいき、この方法を実行したエンジニアは「ほとんどみんな英語で話せるようになった」というから驚きだ。

「英語がヘタでも、ちゃんと意思疎通がとれれば〝話の通じる人〟と評価される。それは英語が話せるということでしょう？」

ヘタでもいいから、とにかく知っている単語を並べて一生懸命話す。そうしていると、「**あっ通じた**」と

ヘタでもいいからとにかく話す
"岸良流"カタコト英会話術
正しい文法で話そうとしない
発音は気にしない
「専門用語＋数字＋グッド」で話す
知っている単語をとにかくつなげる
「結論から先に」だけは英語流で
絵や図、身振り手振りをフル活用
good
good
better
bad
better

「日本人の英語下手は世界中で有名ですから、たいていの人は一生懸命聴き取ろうとしてくれます。ヘタに流暢に話すと、相手も流暢に話し出してしまうのでかえってよくない（笑）。ヘタはヘタなりに、それを逆用してカタコトの英語で話したほうがいいんです」（岸良氏）。

いう瞬間が必ずやってくる。

「そのときの快感はすごいものがあります。僕はそれがクセとなって、どんどん英語を話すようになっていきました。だから勉強しているという気はなかったですね」

日本語で無口な人は英語でも無口でいい

こうして英語のプレゼンや商談は問題なくこなせるようになっていった岸良氏だったが、ここで新たな壁にぶつかる。

「商談後のディナーは、ビジネスと違って話題が多岐にわたるので、全然ついていけなかったんです」

だがここでも、岸良氏はユニークなアプローチで壁を突破する。

「**自分の知らない話題は話さなければいい**わけです。日本語の雑談でも、関心のない分野の話なんてしません。自分の趣味や好きな話のなかから、外国人が興味をもちそうなものを話せばいいのです」

岸良氏の場合は「海外のお客様と話していると、映画の話題が出ることが多い」と気づいて、英語字幕付きで映画をよく観るようになったのが功を奏したようだ。

「大好きな『オースティン・パワーズ』などの〝おバカ映画〟を繰り返し観て、覚えたセリフを食事の席で真似したら爆笑でした」

また、自分の趣味や興味のあることが書かれた英語の雑誌を読むのも、話題の収集に役立つという。岸良氏が利用したのは『ニューズウィーク』だった。

「いきなり英語版を読むと眠くなりますから（笑）、まず日本語版の『ニューズウィーク』を読むんです。そこで面白かった記事だけを英語版でも読む。内容はもう把握しているわけですから、けっこう読めてしまいます」

もう一つ、岸良氏が勧めるのは日本についての話題だ。

「**外国人は日本人の口から日本の話を聞きたい**んです。身近な日本文化を見直して、英語で説明できるようにしておくといいですよ」

こうした情報も、英語で書かれた日本の観光ガイドブックなどで簡単に一夜漬け可能だ。

「たとえば、お地蔵さんについて質問されたら、『あれはローカル（地域）の子供のガーディアン（守護者）だ』と説明する。日常の些細なことでいいんです」

勉強ではなく、仕事を通じた一夜漬けを繰り返すことで、いまでは世界で通用する英語力を身につけた岸良氏。英語に対する姿勢をこうしめくくる。

「海外で評価されるかどうかは、英語力よりも、話のコンテンツで決まります。英語はあくまでも手段と考えて、自分らしくコミュニケーションすることが大切だと思います。外国人のように話せるようになる必要はないし、英語だからといって態度まで外国人風になって、社交的になったり、おしゃべりになったりするのはむしろおかしい。日本語で無口で物静かな人は、英語でも口数は少なくていいんです。**名刺交換だって日本流でやればいい。いつもどおり丁寧に両手で渡せば、外国人は美しい所作に時には感動してくれますよ。**

自分らしく、日本人らしく自己表現をする。それこそが、真のコスモポリタン（国際人）になるということだと思います」

英語のプロが教える習得への最短ルート

ビジネス英語を短期集中学習派

目的から逆算し、必要最低限のことを一気に学ぶ

ジャパン・フラッグシップ・プロジェクト㈱
代表取締役社長

三木雄信

Takenobu Miki

1972年、福岡県生まれ。東京大学経済学部経営学科卒業。三菱地所㈱で、「丸の内活性化プロジェクト」を手がける。ソフトバンク㈱では、27歳で社長室長に就任。孫正義氏のそばで「ナスダックジャパン市場創設」「あおぞら銀行買収プロジェクト」「Yahoo!BBプロジェクト」をはじめ、数多くのプロジェクトを担当し、英語での交渉経験も多数。現在は、東証一部・マザーズ上場企業など、複数の取締役・監査役を務める一方、厚生労働省年金記録回復委員会、日本年金機構（旧・社会保険庁）の理事（非常勤）として改革にあたる。著書に、『孫正義「規格外」の仕事術』（PHP研究所）などがある。

土曜日は調整日、日曜日は勉強しない

ジャパン・フラッグシップ・プロジェクト㈱社長の三木雄信氏。ソフトバンク時代、孫正義社長のそばで数々の大事業のプロジェクト・マネージャーを務めた人物だ。

三木氏の英語力はわずか一年で、TOEIC五百点レベルから外国人と出資交渉ができるほどまでに急成長した。

そのスピード英語勉強法を、より詳しくご紹介しよう。

＊

学生時代、英語が大の苦手だったという三木氏。英語を本格的に勉強しはじめたきっかけは、ソフトバンク㈱への転職だった。

「入社してすぐに、孫正義社長の海外出張に同行を命じられました。しかし、当時の私のＴＯＥＩＣスコアは五百点程度。初めての出張で、ものの見事に英語ができないことが露呈してしまったのです。これはまずいと思いました」

英語力をつけなければクビになってしまう。そう思う一方で、「社会人になってから勉強してモノになるのか」という不安もあった。

だが、周囲を見渡しても、学生時代に留学経験があるのは孫社長ぐらい。当時の役員で現在ヤフー㈱社長の井上雅博氏も、中途入社してから勉強して英語が使えるようになったという。

それに、孫社長にしても、英語は決して流暢ではなく、使う表現も限られている。それでも、欧米人をちゃんと説得できるのだ。

「この経験から、ビジネス英語では、①流暢に話せる必要はないこと、②限られた表現を覚えればいいことがわかりました」

それなら英語が苦手な自分でもできるかもしれない――。そう思った三木氏は、「一年で千時間、英語を勉強すること」を決意する。

「千時間というのは、英語を耳から完全に理解できるようになるにはそれくらいの時間が必要だ、とよくいわれていたからです。また、何年もかかるようでは会社も待ってくれないだろうと思い、一年という期限を自分で設定しました。

とくに急ぐ理由がなくても、英語の勉強は絶対に短期集中でやるべきです。長くても一年半ぐらいで決着すべきでしょう。**一日三十分の勉強を何年続けても、話せるようにはならない**と思います」

しかし、「一年で千時間」という目標を達成するには一週間に二十時間、つまり一日三時間は勉強しなければいけない。

「夜は残業があったので、英会話学校の早朝コースに通い、出社前に約一時間。それから往復約二時間の通勤時間に、ビジネス英語のＣＤを一心不乱に聴く。家から駅に歩く時間も、まるで二宮尊徳のように本とにらめっこしながらヒアリング。これで、なんとか一日三時間確保できました。

余談ですが、当時の英会話学校の仲間とはいまでも交流が続いています。早朝に英会話学校に通うような人たちですから、みんなモチベーションが高い。とても貴重な人脈になっていますね」

毎日できるだけ同じスケジュールで過ごすのが、英語の勉強を続けるコツだという。

「ただ、平日は急な残業で勉強時間が十分に取れないことも多々あります。そこで私は、土曜日をその調整日に当てていました。その代わり日曜日は勉強しない。英語の学習にもメリハリが大切です」

ビジネス英語力がアップする「A4一枚シート」③

期限	2011年末までに
レベル（目標）	英語で会議を仕切りたい
読む	英語ITニュース「CNET.com」
聴く	映画『摩天楼はバラ色に』
書く	メール
話す	オンライン英会話「English Town」

1 英語4本柱シート

まず、「英語をマスターしてどうしたいのか」という目標と期限を書き込む。次に、「聴く」「話す」「書く」「読む」の4つのスキルを磨くための教材を、それぞれ一つずつ記入。

「目標はなるべく具体的に書くこと。また、4つのなかでは『聴く』がとくに重要ですから、教材選びも慎重に行なってください」（三木氏）。

テーマ	*I have some reservations about the quality of your product.* 私は、貴社の製品品質について懸念があります。
事実	*The biggest problem in our contact center is the variable product quality.* わが社のコールセンターの最大の問題は、製品品質のバラつきです。
結論	*My proposal is that I send my QC team to your factory in China.* 私の提案は、わが社のQC（品質管理）チームを貴社の中国工場へ派遣することです。

2 英語交渉シート

交渉の前に、自分が主張したいことを「テーマ」「事実」「結論」の3つに分けて整理。さらに、それを明快な英文に翻訳してシートに書き込んでおく。

「いざ交渉が始まったら、このシートに書いてある内容を読み上げればいい。こうすれば、相手のペースに惑わされることなく交渉を有利に進められます」（三木氏）。

品質管理単語シート

Accept number　許容数
Baseline　基準仕様
Certificate of conformance
合格証明書
Failure analysis　故障解析
Failure rate　故障率
High temperature storage test
高温保存試験
Inspection lot　検査ロット
⋮

3 専門用語シート

外国人とのミーティングで使うことが予想される専門用語については、事前にこのシートをつくっておくのがお勧め。

「要するに、自分だけのちょっとした辞書をつくって、予習しておくわけです。こうすると、否応なしに頭に入ります。私自身、この繰り返しでボキャブラリーが増えていくのを実感できました」（三木氏）。

使用する教材を徹底的に絞り込む

三木氏の勉強法のもう一つのポイントは、最初に決めた教材以外には手を出さなかったことだ。

「私の後輩に熱心な英語学習者がいます。英語の本ばかりこれまで百冊以上読んでいるのですが、残念ながらマスターできていない。彼が**上達しない原因は二つあります。一つは、教材をつまみ食いしすぎること**。あれもこれも手をつけるのは、野球もゴルフもサッカーもやるようなもので結局どれも身につきません。本なら一冊、ヒアリング教材なら一つだけを選んで、完璧にマスターするまで繰り返し学習するほうが効果的です。

もう一つの原因は、目標とそれに適した勉強法が定まっていないこと。たんに『英語が話せるようになりたい』というような漠然とした目標ではモチベーションを維持できないですし、最適な勉強法を選び出すのも難しいのです」

では、三木氏はいかにして、勉強する教材を絞り込んだのか。

「私が英語を学ぶ目的はあくまでビジネス。もっと具体的にいえば、『外国人相手にプレゼンをする』『外国人と交渉をする』といったことでした。そこで、そうした場面で使われるフレーズを学べる教材を探し、それを徹底的に勉強することにしました（三木氏が実際に使った教材は次ページで紹介）」

三木氏が発案した「**英語四本柱シート**」（上図1参照）を使い、使用する教材を絞り込むのもお勧めだ。

基礎力を養いつつ付け焼刃で対応

こうした勉強の結果、三木氏の英語力は飛躍的に向上していった。

しかし、ビジネスの現場は厳しい。勉強を始めて一年も経っていないうちから、英語を使った電話での交渉を担当しなければいけなくなってしまった。そのころは、外国人と議論や交渉をする際に、相手のいうことを一〇〇％聴き取れるまでにはまだなっていなかったという。

「そんなとき役立ったのが、『**英語交渉シート**』（上図2参照）です。テーマ、事実、結論の三つの項目を明快な英文にして書き込むだけ。これらを記入したシートを手許に置いて話を始める。要はカンニングシートですが、これのおかげで無事乗り切ることができました。このシートは通常の交渉でも、もっといえば日本語の交渉でも非常に役立ちます」

その後も、外国人とのミーティングなど、英語で仕事をしなければいけない機会は次々と訪れる。そのたびに三木氏は、ある方法で乗り切っ

三木氏が実際に使った教材 3

1 『最新版　ビジネス英語スーパーハンドブック』(アルク)

日常業務で必要なビジネス英語の基本表現をテーマ別に収録した1冊。

「会議、交渉、プレゼンといった私が英語を使うシーンで役立つ表現が満載だったので、迷わずこれを選びました」(三木氏)。

電車のなかでボロボロになるまで何度も繰り返し読み、暗記したという。

2 『ビジネス＆留学に使えるMBAの英語表現400』(アルク)

次に取り組んだのがこの本。

「ディスカッションのときに使える表現が多いのが特長です」(三木氏)。

3 映画　『摩天楼はバラ色に』

シナリオ本を片手に何度も繰り返し観たのがこの映画。

「マイケル・J・フォックス扮する主人公になりきってセリフをよく真似しましたね(笑)。ビジネスの現場が舞台なので、挨拶や会議での議論など、すぐに使えるフレーズの宝庫。何回観ても飽きることはありませんでした」(三木氏)。

一つの教材を
繰り返し学習するほうが、
上達は早い

「いろいろな教材を買って、あれもこれも手をつけていては結局どれも身につきません。本なら1冊、ヒアリング教材なら一つだけを選んで、完璧にマスターするまで繰り返し学習するほうがはるかに効果的です」(三木氏)。

ていった。

「たとえば、台湾のメーカーと品質管理について議論することになったら、品質管理の英語に関する本を買ってきて、使われそうな専門用語を事前に一枚の紙にまとめておくのです。この効果はテキメン。完全に一夜漬けですが、絶対に覚えなければいけない言葉なので、否応なしに頭に入ってきます。

これを繰り返しているうちに、ボキャブラリーも自然と増えていきました」

三木氏の英語勉強法は、時間をかけて本物の英語力を培いながらも、一夜漬けで「明日の交渉」も乗り切るという、いわば基礎力アップと付け焼刃の両立。

「たとえ一夜漬けであったとしても、それを何度も繰り返して積み重なったスキルは意外と侮《あなど》れません。本物の勉強と付け焼刃的な勉強をうまく並行しながら、ビジネスの現場で使える英語力を短期集中で磨いていきましょう」

「英語を学ぶ目的の明確化」こそが、スピード習得の最重要ポイントだ！

英語でビジネスができたらいいな
英語で会議が仕切れるようになりたい
英語で自社紹介ができるようになりたい
英語を学ぶ目的が不明確なままの人
勉強範囲を絞り込めず、いろいろな教材に手を出すことに
中途半端な英語力しか身につかず
英語を学ぶ目的が明確になっている人
目的から逆算して勉強する範囲を絞り込み、集中的に学習
「使える英語」が短期間で身につく

資料：三木雄信氏への取材をもとに、編集部が作成

英語のプロが教える習得への最短ルート

英語字幕を活用して「生の英語」を習得

海外ドラマ&映画のDVDで学習派

TOEICの問題がゆっくり聴こえるように

国産バイリンガル――。

有子山博美さんの英語力を説明するのに、これほど適切な言葉はないだろう。TOEICは満点、ネイティブから「帰国子女かと思った」といわれることもしばしば。それでいて、「海外滞在経験は大学時代にいった約一カ月間の語学研修だけ」だという。有子山さんはいかにして、「国産バイリンガル」となったのか。

＊

「学生時代から英語に興味をもち、マメに勉強を続けていました」という有子山さんは、社会人になって最初に受けたTOEICで、早くも九百点近いスコアを獲得する。

しかし、有子山さんはここで次のような壁にぶつかってしまった。

「TOEICで九百点取っても、映画のセリフはほとんど聴き取れない。ネイティブ同士の雑談にまったくついていけない……」

英語学習者用の教材は、はっきりと正しい発音で話されており、スピードも比較的ゆっくり。かたや、映画やネイティブ同士の会話は、容赦のないスピードで話され、英語にもクセがあることが多い。

「もう一つの壁はイディオムでした。簡単な言葉の組み合わせなのに、意味がわからないんです。たとえば、『埋め合わせをする』という言葉でも、受験で習うのは"compensate"。でも、ネイティブはそんな堅い言葉は使わず、"make it up"といいます。しかも、音をつなげて『メキラ』と発音するので、聴き取りも難しい」

こうして**「生の英語」に触れることの重要性を痛感**した有子山さんは、海外ドラマや洋画のDVDを使った勉強を始める。

「英語字幕で観ながら、知らない単

初心者向けバージョン"有子山流"DVD学習法

1回目　『英語音声＋日本語字幕』で普通に内容を楽しむ

2回目　『英語音声＋英語字幕』で語彙力を強化しながら観る

知らない単語やフレーズが出てきたら、その都度「一時停止」してメモ。辞書を引いて意味を確認し、エクセルに入力。紙の辞書だと面倒なので、パソコン用の辞書を使う。有子山氏のお気に入りは、『英辞郎』(アルク)。

ドラマ名、文法項目、意味……というようにセルを分けて入力しておくと、あとで自由に並び替え＆ソートができて便利

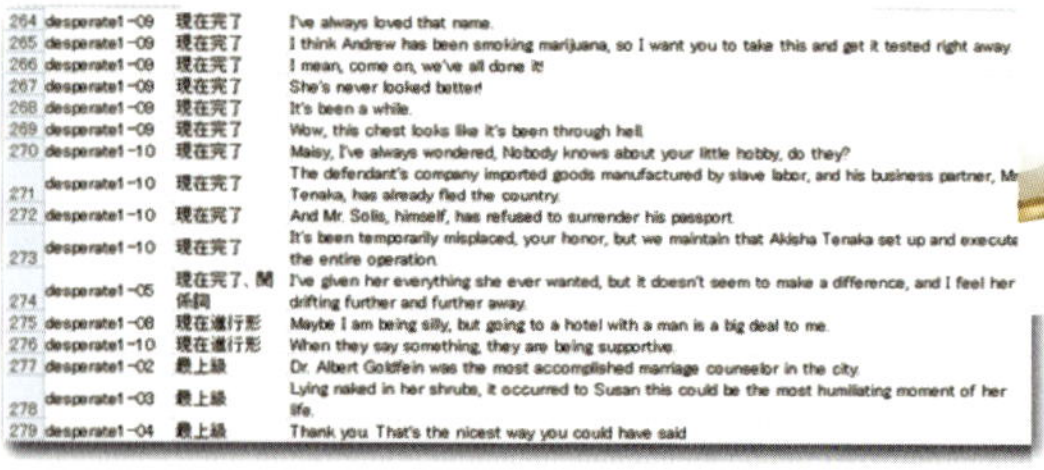

264	desperate1-09	現在完了	I've always loved that name.
265	desperate1-09	現在完了	I think Andrew has been smoking marijuana, so I want you to take this and get it tested right away
266	desperate1-09	現在完了	I mean, come on, we've all done it!
267	desperate1-09	現在完了	She's never looked better!
268	desperate1-09	現在完了	It's been a while.
269	desperate1-09	現在完了	Wow, this chest looks like it's been through hell.
270	desperate1-10	現在完了	Maisy, I've always wondered, Nobody knows about your little hobby, do they?
271	desperate1-10	現在完了	The defendant's company imported goods manufactured by slave labor, and his business partner, Mr Tenaka, has already fled the country.
272	desperate1-10	現在完了	And Mr. Solis, himself, has refused to surrender his passport.
273	desperate1-10	現在完了	It's been temporarily misplaced, your honor, but we maintain that Akisha Tenaka set up and execute the entire operation.
274	desperate1-05	現在完了、関係詞	I've given her everything she ever wanted, but it doesn't seem to make a difference, and I feel her drifting further and further away.
275	desperate1-08	現在進行形	Maybe I am being silly, but going to a hotel with a man is a big deal to me.
276	desperate1-10	現在進行形	When they say something, they are being supportive.
277	desperate1-02	最上級	Dr. Albert Goldfein was the most accomplished marriage counselor in the city.
278	desperate1-03	最上級	Lying naked in her shrubs, it occurred to Susan this could be the most humiliating moment of her life.
279	desperate1-04	最上級	Thank you. That's the nicest way you could have said

有子山氏のDVD学習風景。写真右上がテレビ

3回目　『英語音声＋字幕なし』に挑戦

必ず字幕をオフにして、自分の耳だけを頼りに聴く練習をする。この際、音のつながり(リエゾン)と消失、リズムやイントネーションにとくに注目すること。どうしても聴き取れない場合はスロー再生をする。シャドーイングも効果的。

英語教材プロデューサー兼ライター

有子山博美

Hiromi Ujiyama

神戸市外国語大学英米学科を卒業後、学習ソフト制作会社がくげいで数々の社会人向け英会話ソフトを企画制作。留学経験なしでTOEIC990(満点)を達成するとともに、洋画や海外ドラマを使った「DVD英語学習法」で英語運用力を磨き、国産バイリンガルへと成長。現在は、英語学習情報サイト「Romy's English cafe」を中心に、社会人向けオンラインコンテンツを企画制作。著書に、『留学しないで、英語の超★達人!』(中経出版)、『ネイティブが本当に使っている45の「話せる」英文法』(旺文社)などがある。

http://www.romyscafe.com

有子山氏イチ押しの教材 4

1 単語集『DUO3.0』（アイシーピー）

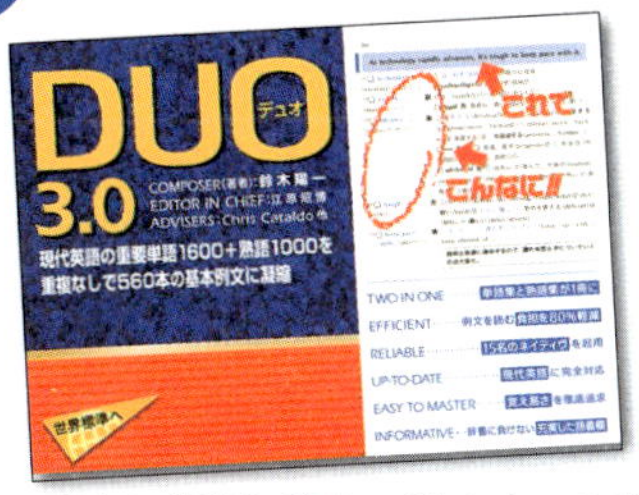

例文が短くて覚えやすいうえ、日常会話フレーズも満載。

「単語集はCD付きのものを１冊集中的にやるのがポイント。まず最後までさらーっと目を通し、わからない単語に印をつけます。２度目以降は印をつけた単語を復習し、完璧になるまで繰り返します」。

2 文法書『総合英語Forest』（桐原書店）

中学～高校初級程度の文法知識を網羅し、英語ならではの考え方も図やイラスト入りで解説。

「わかりやすい先生の板書を本にしたような内容で、『覚える英文法』ではなく、まさに『理解する英文法』。頭できちんと理解した知識は、記憶の定着力が違います」。

3 発音教材『フォニックス〈発音〉トレーニングBOOK』（明日香出版社）

「フォニックス」とは英語のスペルと発音の関係を示したルールのこと。これを学ぶうえで有子山氏が使ったのがこの教材。

「説明がとてもわかりやすいんです。これを読んでCDでひたすら練習したら、発音がよくなっただけでなく、リスニング力も向上しました」。

4 英語学習者用のメルマガ

「メルマガは長さが手ごろで、定期的に送られてくるのがいいですね。ビジネスマンの方にとくにお勧めです。私自身、いまでも『毎日１分！ 英字新聞』『日刊２分で読めるやさしい英語ニュース』などを愛読しています」。

有子山さんのメルマガ『同僚と差がつく！ 毎朝10秒のビジネス英語習慣』もお勧め。

語やフレーズが出てきたら一時停止をしてメモし、辞書で意味を必ず確認します。そのままにしておくと、永遠にわからないままなので」

知らなかったフレーズはエクセルに蓄積。すると、一つの映画で出てきたフレーズが、また別の映画で使われていることが多かった。

「初めはわからないフレーズばかりで時間がかかるかもしれません。ただ、数を重ねていくうちに、どんどん時間は短くなっていきます。何よりいいのは、フレーズをどんな状況で使えばいいのかということもセットで身につくこと。映画と同じようなシーンに置かれたとき、スラスラと口をついて出てきたという経験が、私自身何度もあります」

知らない単語やフレーズをひととおり調べたら、必ず字幕をオフにして、自分の耳だけを頼りに聴く練習をする。こうしたことを続けた結果、**TOEICのリスニング問題がスローモーションのように聴こえる**までになった。

では、どんな作品がこの学習法に適しているのだろうか。

「ビジネスマンの方であれば、会社でのシーンが多いものがお勧めです。たとえば、『ワーキング・ガール』『ウォール街』。ちょっと古いですけど（笑）。逆に、避けたほうがいいのは、刑務所ものや犯罪ものといった汚い言葉が多い映画。田舎などを舞台にした、独特の言い回しがあり、訛《なま》りのキツイ映画も避けたほうがいいでしょうね。

とはいえ、**好きなもので楽しく学習するのがいちばん**です。学習の仕方も、一本の作品を一〇〇％完璧にやるより、複数作品を六～七割できるようにしたほうがいい。DVD学習が苦痛になってしまっては元も子もないですからね」

時間のない社会人ほどまずは基礎固めを

英語初心者が、いきなりこのDVD学習法から始めるのはどうだろうか。

「学生時代に勉強した英語を完全に忘れてしまったという方には、お勧めしません。おそらく九割以上わからないので、すぐにイヤになってやめてしまうと思います。

学生時代に勉強した基礎＝土台って、意外と大事なんです。**体系化されたルールを先に覚えたほうが効率的**ですから、時間のない社会人の方はまず基礎をしっかり固めること。

そこで私が、最初に勉強してくださいといっているのが、『総合英語Forest』と単語集『DUO3.0』。通勤電車でこの二つを勉強し、オフィスに着いたら英文メルマガをチェック（上図参考）、週末にDVD学習というのがお勧めです」

英語のプロが教える習得への最短ルート

TOEICスコアをモノサシにして勉強派

勉強時間を記録&集計し、モチベーションを維持

㈱電通
ソリューション・クリエーティブ室
宮下裕介
Yusuke Miyashita

1965年生まれ。東京都出身。電通勤務。海外留学&海外勤務経験なしの「100%ドメスティックな日本人」でありながら、2年半の勉強でTOEIC900点突破を達成。その体験をもとに、自身の英語勉強法を綴った『海外経験ゼロ。それでもTOEIC900点』（扶桑社）が、5万部のロングセラーに。その他の著書に、『失敗の教科書。』（扶桑社）がある。
Twitter ID:@miyasoya

取材・構成：塚田有香　撮影：永井浩

仕事は「団体競技」だが、英語の勉強は「個人競技」

三十六歳から英語の勉強を始め、TOEICスコアを二年半で五百四十点から九百二十五点に伸ばした宮下裕介氏。しかも、英会話学校にもいかず、市販の本とCDによる完全な独学。電通の社員として超多忙な日々を過ごすなかで、超難関とされる九百点の壁をいかに突破したのだろうか。

＊

「勉強を始めたきっかけは、英語へのコンプレックスでした」という宮下氏。仕事で海外ロケなどにいく機会はあったが、通訳がつくので、英語を話す必要に迫られることはなかったという。

「**英語が堪能な人を目の前にしたときに感じる“最初から負けている感”**をなんとか解消したい、という思いはずっとありました。それが強くなって勉強を始めたのは、サッカー日韓W杯のとき。日本代表の試合を観て、『選手たちは世界と必死に戦っている。かたや、自分は人生も半ば近くまできて、いまだに英語一つできず、日本でしか戦えない。このまま一生を終えていいのか』とふと思ったんです」

TOEICで九百点取ることを目標としたのは、「自分がどれだけ進歩したかを客観的に測れるモノサシが必要だ」と考えたから。

「仕事は団体競技なので、自分一人がどんなに頑張っても結果が出るとはかぎらない。逆に、英語の勉強は、すべて自分の頑張り次第という『個人競技』。それでどこまでやれるか、自分自身を試してみたいという思いもありました」

仕事を続けながら挫折せずに学習を続けるコツとして、宮下氏がまず挙げたのが、「**最初の百時間はハイペースで勉強を進めること**」。

「モチベーションが高いうちにスタートダッシュをかけて、もう引き返せないところまでいってしまえばいい。そうすれば、『**ここでやめたらもったいない**』という心理が働く。私も最初の二カ月ほどは、一日に三時間勉強していました」

もう一つのコツは、毎日の学習時間を記録すること。

「その日の勉強時間を手帳に赤ペンで書き込むのですが、一日でもサボると空欄になるので、必ず埋めなくてはという意識が芽生える。習慣化するにはよい方法です。また、記録した時間を一週間や一カ月単位で集計すると、これまでの自分の努力が目にみえ、また頑張ろうという気持ちにもなります」

最初の百時間を超えてからは一日一時間半を目安にしたというが、それでもけっこうな時間だ。

「普段の生活で無駄に過ごしている時間は意外と多いもの。それらを積み重ねていけば、一時間半ぐらいはすぐになります。大敵はお酒（笑）。そこで夜にお酒の予定がある日は、朝出社前に先に勉強しておくことに決めていました」

仕事が忙しく、深夜帰宅のタクシーのなかで十五分だけリスニングの勉強をするという日もあったが、

「**大事なのは、ゼロの日を絶対につくらないこと**」と宮下氏。

「たとえ一日に一段しか階段を上らなくても、昨日より高いところにいるのは間違いありません」

宮下氏の手帳には、TOEIC九百点を達成したいまでも、毎日赤ペンでの書き込みがされている。

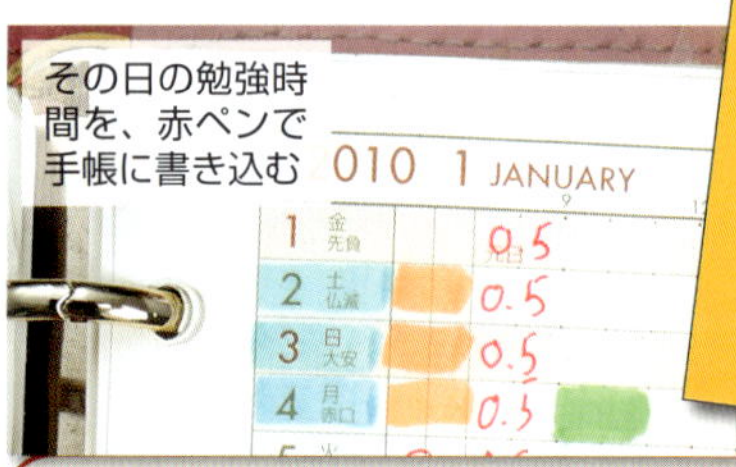

その日の勉強時間を、赤ペンで手帳に書き込む

超厳選！ TOEIC900点を最短最速で達成するための5つのルール

❶まずは100時間、何があっても勉強してしまう

❷勉強した時間を、毎日手帳に記録し、集計する

❸原則として、2カ月に1回はテストを受ける

何月何日にテストがあるという精神的な拘束は、日々の勉強にいい緊張感を生み出す。また、TOEICはテストに慣れることがきわめて重要。豊富な経験値は900点への最短の道だ。

❹『英語耳』と「NHK テキスト」を徹底的にやる

発音教材のバイブルともいえる『英語耳』（アスキー）と、NHKラジオ英語講座のなかでいまの自分の実力より少し上のレベルのものを、まず徹底的に勉強して基礎力をつける。

❺凡庸な TOEIC 対策本には手を出さない

「TOEIC対策本の9割は内容が乏しい」という宮下氏が、「時間を費やす価値のある優れた本」と評価するのが『TOEIC Test「正解」が見える【増補改訂第2版】』（講談社インターナショナル）。この1冊でTOEICに必要な文法知識はほぼ学べたという。また、TOEIC対策本ではないが、大西泰斗氏の『ネイティブスピーカーの前置詞』（研究社）もお勧めとのこと。

注：宮下氏の著書『海外経験ゼロ。それでもTOEIC900点』では、135のルールが紹介されている

初心者でも600点を十分狙える！

短期決戦したい人のための「TOEIC®対策」

中村澄子
Sumiko Nakamura

同志社大学卒。放送局勤務を経て、翻訳の仕事に従事。エール大学でMBA（経営学修士）を取得。金融コンサルティング会社勤務の後、現在は八重洲でTOEIC教室を開催。TOEICクラブすみれ塾代表。メールマガジンの読者数は2万人を超える。累計50万部の大人気シリーズ『1日1分レッスン！ TOEIC Test』シリーズ（祥伝社）など、TOEIC関連の著書多数。
http://www.sumire-juku.co.jp/

取材・構成：鈴木裕子

試験の概要と対策

特殊な試験だと認識し専用の勉強をしよう

TOEICはアメリカの非営利テスト開発機関ETS（Educational Testing Service）によってつくられるテストで、世界約六十カ国で実施されています。日本では近年、社員にTOEIC受験を課す企業が増加しており、昇進やリストラの判断基準として使われる場合もあるようです。TOEICは第三者による客観的な数字であるため、判断材料の一つとして使いやすいのでしょう。もはや他人事ではなく、いま受験を義務づけられていなくてもリスクヘッジとして、早いうちから勉強を始めるに越したことはありません。

テストの問題は「リスニング」と「リーディング」の二セクション、それぞれ図表①のような構成になっています。試験時間は、リスニングセクション四十五分、リーディングセクション七十五分の計百二十分。それぞれ百問、計二百問が出題されます。点数は、一問何点という決められた点数の合計点ではなく、受験者全体の正答率などを反映させた独特の算出方法で割り出されます。満点は九九〇点、大卒新入社員の平均点が四五〇点前後といわれています。

問題は、たんなる英語の知識を問うものではなく、「英語を使った情報処理能力テスト」ともいえる問題も多くあります。大学入試や英検などとは出題の仕方が異なりますので、最初は戸惑うかもしれませんが、対策さえすれば点数が伸ばせる試験です。

情報を集めて戦略を立てよう

企業や職種、役職によって求められる点数はさまざまですが、一般的に六〇〇〜七〇〇点が一つのボーダーラインになっているケースが多いようです。そこで、初めてのTOEICでは、まずは六〇〇点取得を目標にするとよいと思います。内訳は、リスニング三五〇点、リーディング二五〇点と設定しましょう。一般的には、最初はリスニングセクションのほうが点数が伸びやすいので、リスニングの勉強から始めることをお勧めします。

勉強期間は三カ月程度を目安に頑張ってみてください。私は自分の生徒に、教室での学習以外に、平日は一時間の自宅での学習と、通勤時のリスニング、昼休みに十分間のリーディングを、土日はそれぞれ三時間の学習を推奨しています。独学ではこの一・五倍くらいの時間が必要ではないかと思います。ダラダラと一年かけて勉強するより、短期間で集中して勉強するほうが、点数は伸びやすい傾向があります。

図表① 新TOEICテストの問題構成

パート	問題形式	内容	問題数
L Part 1	写真描写問題	1枚の写真をみて、その内容について最も的確に描写している説明文を4つの選択肢から選ぶ	10問
L Part 2	応答問題	1つの質問や文章への応答としてもっとも適したものを3つの選択肢から選ぶ	30問
L Part 3	会話問題	2人の人物の会話を聴いて、その内容についてもっとも適したものを4つの選択肢から選ぶ	30問（10題×各3問）
L Part 4	説明文問題	アナウンスや放送などのミニトークを聴いて、その内容についてもっとも適したものを4つの選択肢から選ぶ	30問（10題×各3問）
R Part 5	短文穴埋め問題	短文の空欄に入るのにもっとも適したものを4つの選択肢から選ぶ	40問
R Part 6	長文穴埋め問題	長文の空欄に入るのにもっとも適したものを4つの選択肢から選ぶ	12問
R Part 7	読解問題	さまざまな文章を読み、各設問の答えとして最も適したものを4つの選択肢から選ぶ	48問

L リスニング　R リーディング

勉強法については、戦略が必要です。詳しくは後述しますが、ＴＯＥＩＣには日本の学校の試験ではあまりみかけない出題パターンがあります。それを知らずして闇雲に勉強しても、点数を上げることは難しいでしょう。そこで、まずは情報収集をすることが大切です。もちろん、セミナーやスクールに通うのがいちばん早いのですが、それができなければ、まずインターネットなどで情報を集め、勉強法の本を読んでみましょう。これだけでもどんな形式の問題が出るのか、ある程度把握できるはずです。

　次に問題集についてです。ＴＯＥＩＣ対策の問題集はたくさんありますが、基本は『ＴＯＥＩＣ®テスト新公式問題集〈Ｖｏｌ．１〜４〉』（国際ビジネスコミュニケーション協会）です。ＴＯＥＩＣの試験は二〇〇六年に大きく改変され難しくなったのですが、この問題集はすべて改変後の内容です。Ｖｏｌ．４がいちばん新しいものですが、最近の難化傾向を反映してもっとも難しい内容になっています。そのため、初心者はＶｏｌ．２あたりから始めるのがよいと思います。Ｖｏｌ．１でもよいのですが内容が少し古くなります。最終的には、四冊すべてを解きましょう。あれこれ手を出さず、まずはこれを徹底的にやって、ＴＯＥＩＣの問題傾向をつかみ、出題に慣れることです。

　並行して、ＴＯＥＩＣに必要とされる単語を覚えましょう。これには私の『１日１分レッスン！　ＴＯＥＩＣ® ＴＥＳＴ』シリーズなど、専用の単語集を使うことをお勧めします。

リスニング

先読みの練習をして　リズムをつかむこと

　リスニングセクションは四つのパートに分かれています（図表①参照）。このうち、パート１は写真をみてその内容を表わしている説明文を選ぶというもので、比較的簡単。公式問題集を解いてみればできるようになると思いますので、ここでは攻略は割愛します。パート２は質問に対する答えを選ぶ応答問題。パート３は会話を聴いて、内容に適した選択肢を選ぶ問題。パート４はアナウンスや放送などのミニトークを聴いて、内容に適したものを選択肢から選ぶ問題です。パート３とパート４は似ているので、同じ方法で攻略できます。したがって、リスニングではまずは問題数が多いパート３と４を、それからパート２を攻略するのが効率的です。

　パート３と４の攻略のポイントは、「先読み」です。パート３は会話問題で、まず初めにディレクション（問題の説明と指示）が流れますが、それは事前に知っておけば、じっくり聴く必要はありません。この音声が流れているあいだに、パート３の最初の設問文と選択肢を「先読み」しておくのです。次に、一題目の会話が流れるので、そのあいだにすでに先読みをしていた分の答えをマークします。そのあとで設問文が読まれるので、今度はその時間を使って次の一題の設問文と選択肢の先読みをするのです（図表②参照）。

　これを繰り返し、一題ずつ確実に先読みをしていきます。問題数はパート４も合わせると六十問となり、正確にこなすには、かなりの集中力が必要です。そのために、普段から先読みのリズムを崩さない練習をしておくことです。

　リズムをキープするコツは、わからない問題に固執せず、どんどん次に進むこと。引っかかっているあいだに次の会話が流れてきてしまいます。設問は一つの会話につき三問ずつ設けられていますが、自信がない人は、まずは二問を確実に取ることから始めてください。

トリックに注意しつつ　独特の問題形式に慣れよ

　次にパート２の攻略法です。パート２は応答問題で、日常生活や仕事上の簡単な質問に対して、会話として適切な答えを選ぶというもの。慣れるまで戸惑う問題が多いかもしれません。

　最大の注意点は「会話が自然に流

図表② リスニングの先読みの手順

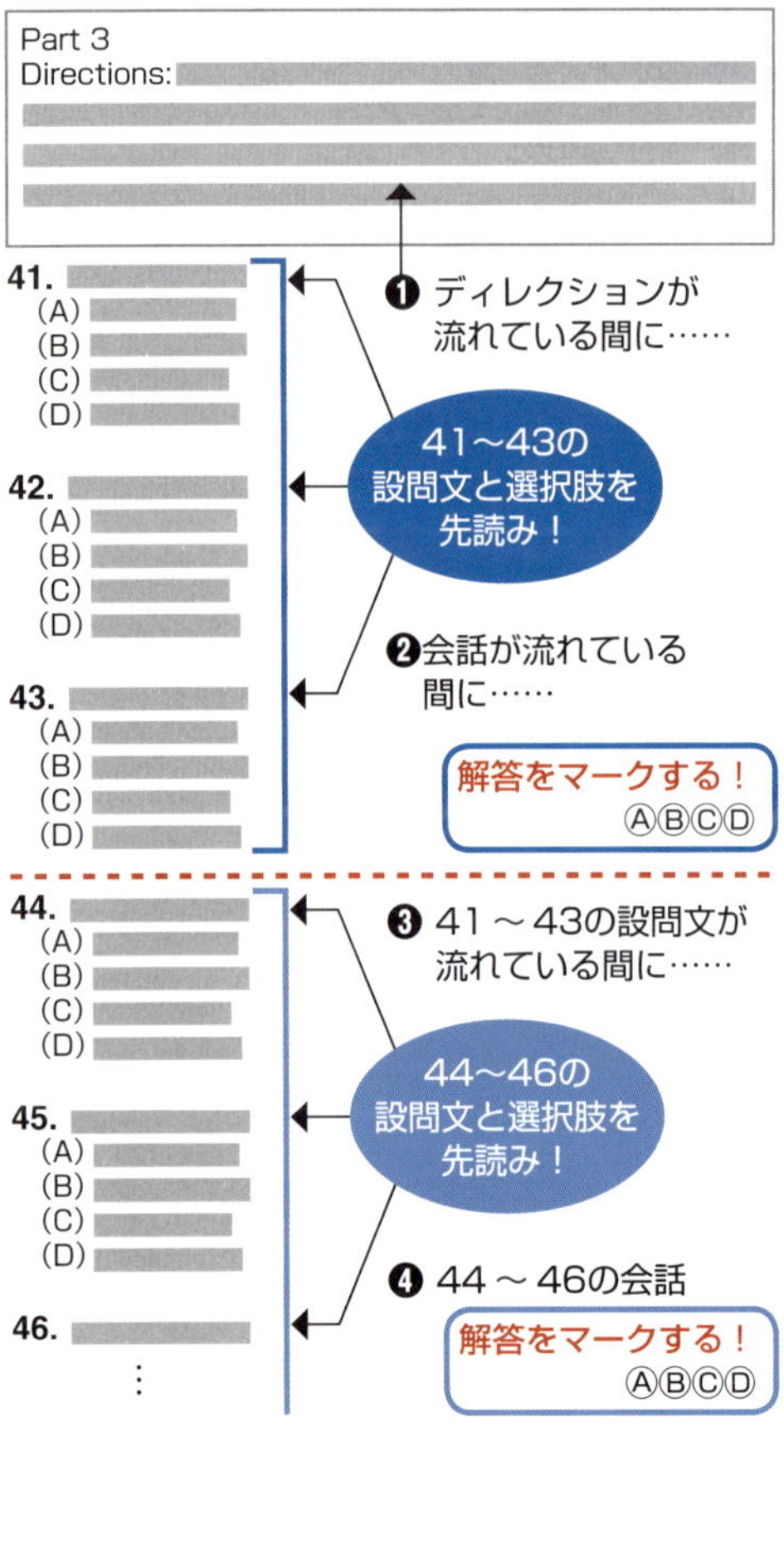

図表③ リスニングの応答問題のコツ

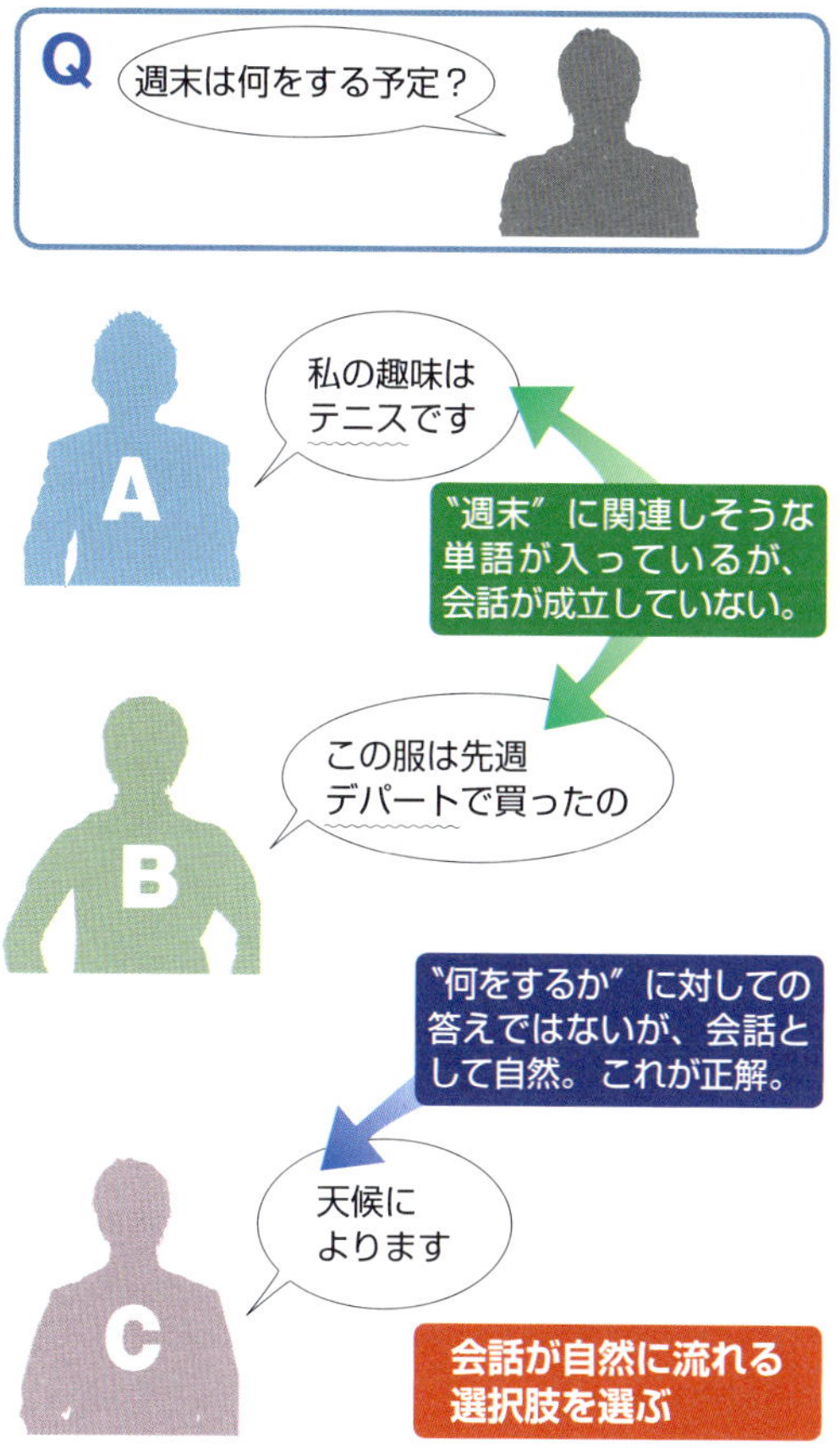
Q
週末は何をする予定？
A
私の趣味はテニスです
"週末"に関連しそうな単語が入っているが、会話が成立していない。
B
この服は先週デパートで買ったの
"何をするか"に対しての答えではないが、会話として自然。これが正解。
C
天候によります
会話が自然に流れる選択肢を選ぶ

れるものを選ぶ」こと（図表③参照）。これは、たとえば「週末は何をする予定ですか？」という問いかけがあるとします。普通は、「何を」という問いかけに対して「買い物」など、動作や予定を表わす答えになると想像します。しかし、TOEICの場合は「天候によります」という英文が正解だったりするのです。「何を」という問いに正面からは答えていませんが、会話は成立していますよね。日常会話を思い浮かべてみると、このようなやりとりはよくあることです。しかし、日本の学校の試験問題ではこのような問題が少ないので、多くの日本人はこの形式に慣れていません。まずは、この感覚に慣れることが重要です。

　次に、「トリック」（受験者に間違えさせるための引っかけ）に注意することです。たとえば、「設問文と同じ音、似た音が入っている選択肢は選ばない」というテクニックがあります。英文や個々の単語が聴きとれない人に間違った選択肢を選ばせようと、正解は設問文と選択肢ではまったく違う単語や文を使っている場合が多いのです。

　たとえば設問文に"stock"という単語が含まれていると仮定すると、"stock"もしくはこれに似た音の単語が含まれている選択肢を消去します。なぜなら、その選択肢は引っかけである可能性が高いから。"stock"には「在庫」と「株」という二つの意味があります。本文では「在庫」という意味で使っていながら、選択肢では「株」という意味で使われている、ということが多いのです。

　パート2には、このようないろいろなトリックが含まれています。ですから、新公式問題を解いてトリックのパターンを知り、対処法を覚えることが大切。対処法をマスターしてしまえば、点数を伸ばすことができます。

リーディング

時間配分を最優先し長文は読まずに解く

　リーディングセクションは三つのパートに分かれていて、合計百問。時間は七十五分ですが、全体的に長文化しているため、速読力やスキミング（おおまかな情報を取る読み方）、スキャニング（必要な情報を探す読み方）の力をつける必要があります。そのためには、新公式問題集はもちろん、普段から英字新聞などのなかからビジネス系の英文に目を通して英文に慣れ、語彙《ごい》を増やしましょう。

　もっとも気をつけるべきなのは、時間配分です。点数の低い人をみていると、リーディングの前半に時間を使いすぎて、結局時間切れというケースがよくあります。一問一問を丁寧に解くよりも、とにかく時間内に終える訓練が必要です。時間配分は、パートごとに考えます。パート

図表④ リーディングは選択肢から見当をつける

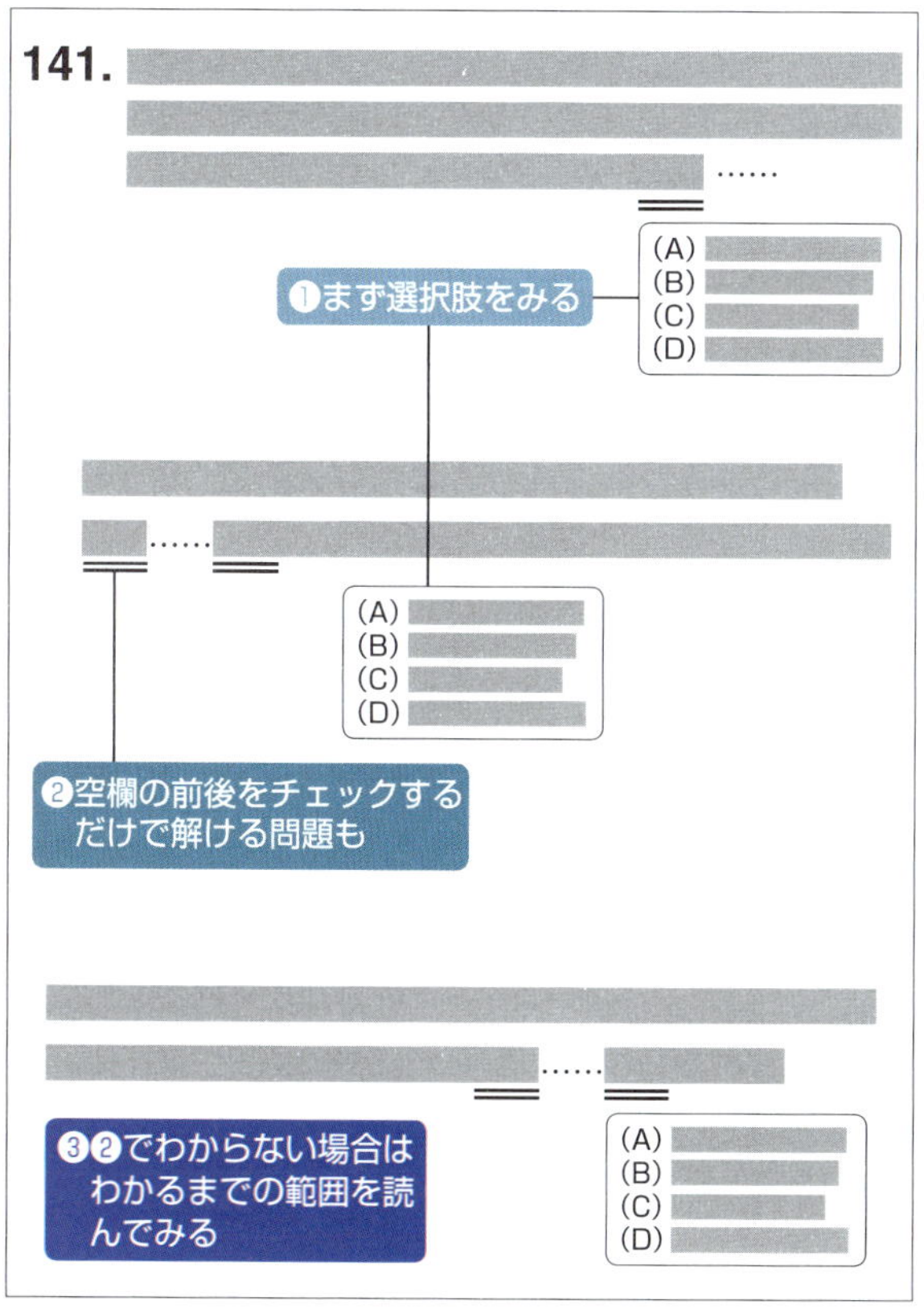
141.
……
(A)
(B)
(C)
(D)
❶まず選択肢をみる
❷空欄の前後をチェックするだけで解ける問題も
❸❷でわからない場合はわかるまでの範囲を読んでみる

図表⑤ 写真をみるように情報を探す

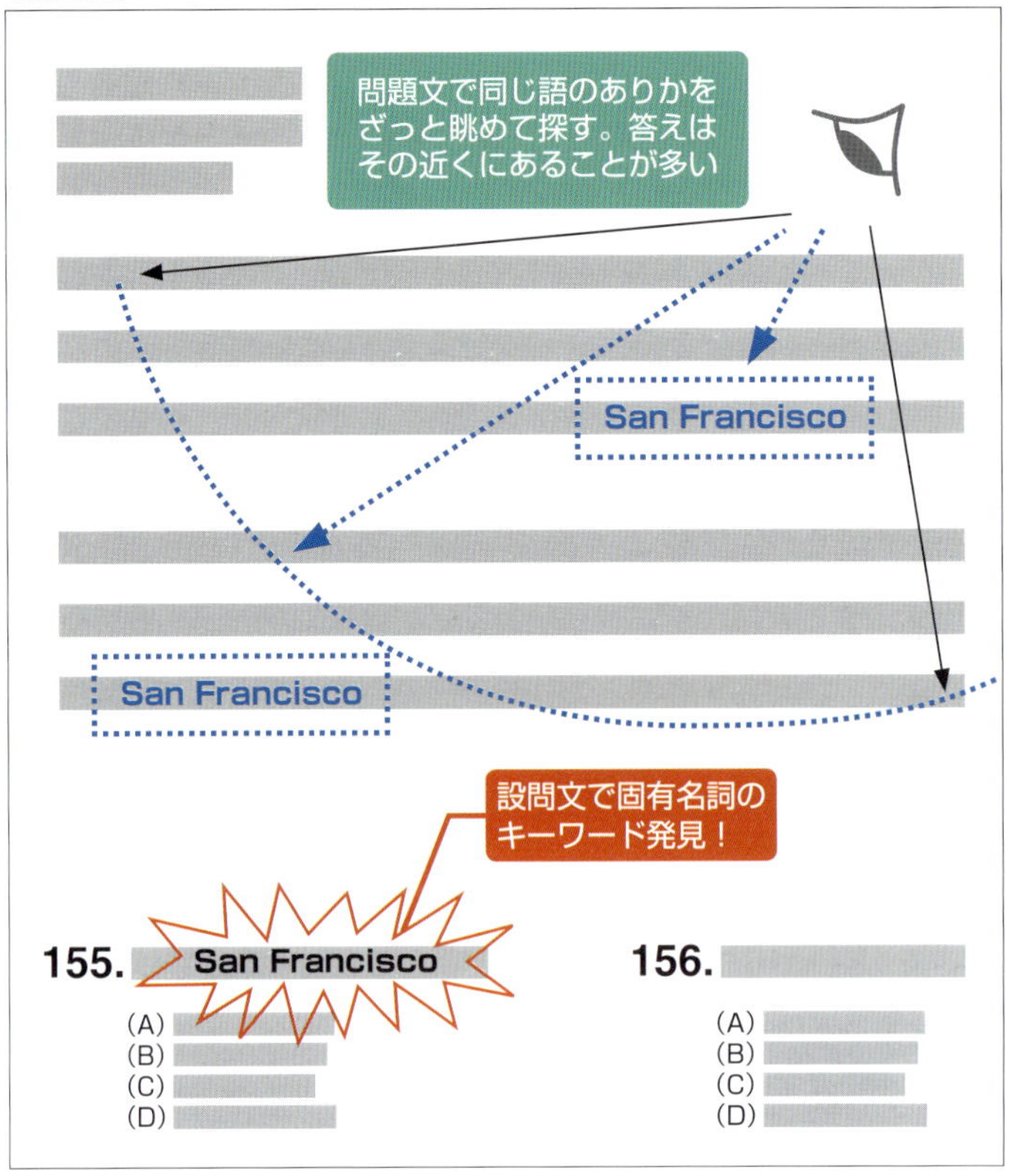
問題文で同じ語のありかを
ざっと眺めて探す。答えは
その近くにあることが多い
San Francisco
San Francisco
設問文で固有名詞の
キーワード発見！
155. San Francisco
(A)
(B)
(C)
(D)
156.
(A)
(B)
(C)
(D)

※図表①～⑤はすべて、中村澄子氏への取材と、『できる人のTOEICテスト勉強法』（中経出版）をもとに、編集部が作成

5が十五分、パート6は六分、長文読解のパート7は、シングルパッセージ（一つの英文を読んで答える。二十八問）を一問平均三・五分、ダブルパッセージ（二つの英文を読んで答える。二十問）を一問平均五分、が目安です。

パート5は短文穴埋め問題で、文の空欄に入るのに適したものを選択肢から選ぶという問題です。全部で四十問、そのおよそ半分が語彙・熟語問題、残り半分が文法問題です。文法問題のうち、四分の一前後は品詞問題。たとえば“disappointed”“disappointing”“disappointment”など似たような単語が選択肢に並びます。名詞、形容詞、副詞などのうちあてはまる品詞を選ぶ問題です。品詞のなかでも名詞や形容詞の問題は比較的簡単ですが、副詞は間違えやすいので注意を。

パート6は、基本的にはパート5と同じですが、長文問題が四題という構成。長文に空欄が三つずつあり、それぞれに入るのに適した選択肢を選ぶというものです。問題文はビジネス関連の手紙、メールが多いので、英文メールの書き方の本などで手紙やメール特有の表現を知っておくとよいでしょう。

パート6は、「できるかぎり読まないで解く」のがポイント。力のある人は、空欄の前後と選択肢をみるだけで解ける問題が多いですし、そうでなくても、最初の一、二行だけ読めば何に関する文章かおおよそ見当がつきます（P.65図表④参照）。

読解のポイントを知り写真をみるように眺める

パート7は読解問題です。文章を読み、それに関する設問の答えとして適したものを選択肢から選ぶというものです。

大事なことは、ただ漫然と読むのではなく「設問で問われている情報のありかを早く見つけ出す読み方」、スキャニングの力をつけること。対策は、たくさんの長文を読み、英文に慣れると同時に、この読み方を普段から実践することです。インターネット上の無料の英字新聞などを活用して毎日、長文に触れ、スキャニング力を鍛えておきます。時間がないなかで解かなければいけないので、練習問題を解く際は一題三分、または四分など必ず時間を決め、その中で解く練習を繰り返しましょう。

長文の読み方にはポイントがあります。まず、第一パラグラフに注目すること。英文はここにいいたいことがまとめられている場合が多いので、まずはここで概要をつかみます。次に、各パラグラフの一文目をチェック。力がついてくると、ここを順に先に読むだけで英文全体のストーリーがわかり、答えのありかがみえてくるようになります。

また、設問文から固有名詞や地名などのように大文字で始まる文字、日付のような数字、記号といったキーワードを拾っておくことも大事。それが答えを見つけ出すヒントとなるのです。

そのうえで、長文全体を「写真をみるように眺める」こと（図表⑤参照）。設問文にキーワードが含まれている場合には、英文全体でどこに注目すべきかが明らかになっているといえるので、この読み方が非常に有効です。問題によっては、文字を追うのではなく写真をみるように眺め、設問文のキーワードと同じ単語を探すほうが早い場合も。見つかったら、その前後を読めば答えがわかることも多いのです。

TOEIC対策は各パートの傾向やポイントを熟知することが第一です。あとは、その対策を徹底的に行なうことで、点数アップが狙える試験です。

第3章

実践パワーアップ講座
英語力テスト&ネイティブ表現

楽しみながら語学センスがらくらくアップ

英語力テスト99

小池直己&佐藤誠司

「英語力」とはなんでしょうか？たとえば、大学入試で主に問われる英語力は「英語を読むための力」と言えるでしょう。しかし、この章でテストする英語力は「実用的な（コミュニケーション手段としての）英語の運用能力」です。その目的に沿い、会話・新聞記事・日常的なテーマなどに関する語彙や表現を重点的に取り上げた問題構成となっています。

　もちろん読者の英語力を測定することが、この章の主な目的ですが、間違えた問題を復習することによって、実践的な英語力の向上にも役立つはずです。

得点と判定の目安

得点	判定
0 ～ 9 点	残念！ あなたの英語力は中学1年生レベル
10 ～ 29点	あなたの実力は中学2 ～ 3年生レベル、といったところでしょうか。
30 ～ 39点	あなたには高校1 ～ 2年生程度の英語力があります。
40 ～ 59点	高校3年生程度。あなたが望むなら、大学受験も可能です。
60 ～ 69点	センター試験を受験すれば、満点に近い得点が取れるかも。
70 ～ 79点	あなたは、日常会話程度なら十分に対応できる英語力があります。
80 ～ 89点	生活でもビジネスでも、英語によるコミュニケーションが可能でしょう。
90 ～ 94点	ご立派！ TOEICで楽に900点以上のスコアを出せる実力があります。
95 ～ 99点	言うことなし。あなたは英語の達人です。

中学程度の 基本の基本

TOEICスコア:300 ～ 400点レベル

Q1

解答チェック

millionは「100万」。では、billionは？

Ⓐ 10億

解説 1,000,000,000の場合、3つのカンマの桁は左から billion・million・thousandです。

Q2

解答チェック

「シャツを着る」はput on a shirt。
では「シャツを着ている」は？

Ⓐ wear a shirt

解説 「メガネをかける［かけている］」は put on［wear］(one's) glasses。

Q3

解答チェック

全然分かりません→I have no (i　　).

Ⓐ idea

解説 have no idea「わからない、知らない」

Q4

解答チェック

The Big Apple の異名を持つ都市は？

Ⓐ ニューヨーク

解説 the Big Apple は「最重要事項」の意味でも使います。

Q5

解答チェック

My memory is not as good as (①he ②his ③him ④he's).

Ⓐ ②his

解説 「私の記憶力は彼の記憶力ほどよくありません」

Q6

解答チェック

「生クリーム」はfresh cream。
では、「生ビール」を英語で言うと？

Ⓐ draft beer

解説 イギリス流の綴りではdraught beer。

Q7

解答チェック

遠くへ引っ越す人に言う言葉として適切なのは？
①See you later. ②Long time no see.
③I'll miss you.

Ⓐ ③I'll miss you.

解説 I'll miss you. は「あなたがいなくてさびしくなります」の意味。

Q8

解答チェック

球場へ行く道を教えていただけますか？
Could you (①tell, ②teach, ③take) me the way to the ball park?

Ⓐ ①tell

解説 teachは勉強などを教えるときに使います。

Q9

解答チェック

Admission free. という掲示の意味は？

Ⓐ 入場無料

解説 「無料の切符」はfree ticket。

Q10

解答チェック

100 miles are about (　　) kilometers.

Ⓐ 160

解説 「100マイルはおよそ160kmです」

Q11

解答チェック

I've got a hangover.
と言っている人は、ゆうべ何をした？

Ⓐ 酒を飲んだ

解説 hangoverは「二日酔い」。

英語の
基礎はマスター
TOEICスコア:401 ～ 500点レベル

Q12
解答チェック

「市役所」を英語で言うと？

Ⓐ city hall [office]

解説 municipal「市の」という単語を使って、municipal office とも言います。

Q13
解答チェック

時間がほとんど残っていません。
There is little time(①leaving ②left ③to leave).

Ⓐ ②left

解説 〈There is + S + left.〉=「Sが残っている」

Q14
解答チェック

A minute is sixty (s　　).
のカッコ内に入る単語は？

Ⓐ seconds

解説「1分は60秒です」

Q15
解答チェック

Keep the change, please. を日本語に直すと？
①交替してください。　②両替してください。
③お釣りはいりません。

Ⓐ ③お釣りはいりません。

解説 changeには「小銭、お釣り」の意味があります。

Q16
解答チェック

He hardly works. と言えば、彼はどんな人？
①勤勉な人　②怠け者　③忙しい人

Ⓐ ②怠け者

解説 He hardly works. は「彼はほとんど働かない」。

Q17
解答チェック

どうしたのですか？
What's the (①bad ②matter ③point ④change) with you?

Ⓐ ②matter

解説 What's the matter with ～？「～はどうかしたのか？」

Q18
解答チェック

「上野駅」を英語に直すと？
①Ueno Station　②the Ueno Station
③Station Ueno

Ⓐ ①Ueno Station

解説 駅名はUeno Staiton のように言い、前にtheはつけません。

Q19
解答チェック

眠い。
I'm (①sleeping ②sleepy ③asleep).

Ⓐ ②sleepy

解説「眠い」はsleepy。sleepingやasleepだと、今眠っていることになってしまいます。

Q20
解答チェック

このDVDプレーヤーの値段は高すぎる。
The price of this DVD player is too (①high ②tall ③expensive).

Ⓐ ①high

解説 price「値段」が「高い」「安い」というときは、high・lowを使います。Expensiveは「(物が)高価な」の意味。

Q21
解答チェック

コインを投げて「裏か表か？」というとき、「表」はhead、では「裏」は？

Ⓐ tail

解説 Head or tail? が決まり文句。

Q22
解答チェック

「車いす」を英語で言うと？

Ⓐ wheelchair

解説 wheelは「車輪」のこと。

Q28　解答チェック

scarecrowを日本語に直すと？

A かかし

解説 scareは「驚かす」、crowは「カラス」。つまり「カラスを驚かすもの」。

Q29　解答チェック

I ate more than three hamburgers. と言えば、私の食べたハンバーガーの数は？
①3つ以上　②4つ以上　③6つ以上

A ②4つ以上

解説 たとえばmore than 5は「5より多い」で、5は含みません。ただし「100人以上」のような大きい数字の時は、more than 100 peopleでかまいません。

Q30　解答チェック

It's up to you.とは、どんな意味？
①君が悪い。　②君が一番だ。　③君しだいだ。

A ③君しだいだ。

解説 It's up to you to decide where to go.「どこへ行くかを決めるのは君しだいだ」のようにも使えます。

Q31　解答チェック

それはお気の毒に。
That's (t　　) bad.

A too

解説 決まり文句。

Q32　解答チェック

Let's go Dutch.と言えば、何をしようということ？

A 割り勘

解説 Let's split the bill. とも言います。

Q33　解答チェック

「午後3時」を正しく書くと？
①pm 3　②3 p.m.　③P.M. 3　④3 P.m.

A ②3 p.m.

解説 ②以外の表記は間違いです。

まだまだ高校生の授業クラス!

TOEICスコア:501 ～ 550点レベル

Q23　解答チェック

彼は本当にここに来るだろうか。
I wonder (　　) he'll come here.

A if

解説 wonder if ～は「～かしらと思う」。このifは「～かどうか」の意味。

Q24　解答チェック

20 degrees Centigradeを日本語に直すと？

A 摂氏20度

解説 「摂氏」はCelsiusとも言います。

Q25　解答チェック

「昆虫」を意味する、iで始まる単語は？

A insect

解説 「虫」はbugとも言います。

Q26　解答チェック

demand「需要」の反意語は？

A supply「供給」

解説 動詞のdemandは「要求する」の意味。

Q27　解答チェック

バスに乗ろう。そのほうが安いから。
Let's (①ride ②take ③get on) a bus. It's cheaper.

A ②take

解説 ここでは「バスを使う」の意味なので、takeが正解。Get onは乗り込む動作を表し、rideは馬や自転車などに乗るときに使います。

Q39
解答チェック

（電話で）「田中さんをお願いします」「私です」
“May I speak to Mr. Tanaka?”　“（S　　）.”

Ⓐ Speaking

解説 This is he（she）speaking. を短く言ったもの。

Q40
解答チェック

Do you have the time? を日本語に直すと？
①今何時ですか。　②おひまですか。
③約束がありますか。

Ⓐ ①今何時ですか。

解説 Do you have time?「時間がありますか」と混同しないように。

Q41
解答チェック

I paid a fine. を日本語に直すと？

Ⓐ 私は罰金を払った。

解説 fineは、I was fined for speeding.「スピード違反で罰金を取られた」のように動詞としても使います。

Q42
解答チェック

「非常口」を英語で言うと？

Ⓐ emergency exit

解説「入り口」はentrance。

Q43
解答チェック

The meeting will have already begun（　　）the time we arrive.

Ⓐ by

解説「私たちが到着するまでに会議は既に始まっているだろう」

Q44
解答チェック

He believed the salesman, though I advised him not（　　）.

Ⓐ to

解説「私はよせと言ったのだが、彼はそのセールスマンの言うことを信じた」

大学生なら クリアしたい！

TOEICスコア：551～600点レベル

Q34
解答チェック

上司に報告書を提出したら、“Couldn't be better.”と言われました。この意味は？
①最高だ。　②最低だ。　③前回のよりも悪い。

Ⓐ ①最高だ。

解説「これよりもよいことはあり得ない」ということ。

Q35
解答チェック

cardboard boxを日本語に直すと？

Ⓐ ダンボール箱

解説 cardboardは「厚紙［ボール紙］」のこと。

Q36
解答チェック

a good loserとは、どんな人？
①惜敗した人　②負けても潔い人
③負けて当然の人

Ⓐ ②負けても潔い人

解説 a bad loserは「負けっぷり［往生際］の悪い人」。

Q37
解答チェック

「不景気」の意味を表す単語でないのは？
①depression　②reduction　③recession
④slump

Ⓐ ②reduction

解説 reductionは「減少」。

Q38
解答チェック

She has a gift for music. を日本語に直すと？

Ⓐ 彼女には音楽の才能がある。

解説 giftの代わりにtalentも使えます。

英語でコミュニケーションがとれる!

TOEICスコア:601 ~ 650点レベル

Q45

解答チェック

「社長」はpresident。では「副社長」は?

Ⓐ vice-president

解説 presidentには「大統領」の意味もあるので、vice-presidentは「副大統領」の意味にもなります。

Q46

解答チェック

その決定はわが社にとって死活問題だ。
The decision is a (①question ②problem ③matter) of life and death for our company.

Ⓐ ③matter

解説 matterは「事柄」を表し、a matter of time「時間の問題」、a matter of opinion「見解上の問題」のようにも使います。

Q47

解答チェック

アンテナ・イヤホン・クレーン・コンセントのうち、このまま言ったのでは英語として全く通じないのは?

Ⓐ コンセント

解説 ほかの3つは英語でもantenna, earphone, craneですが、英語のconsentは「同意(する)」の意味。日本語の「コンセント」に当たる単語はout let[socket].

Q48

解答チェック

2つの文がほぼ同じ意味になるよう、カッコ内に入る単語は?
(a) My opinion differs from yours.
(b) I don't (　　　) with you.

Ⓐ agree

解説 (a)「私の意見はあなたの意見と違います」
(b)「私はあなたに賛成しません」

Q49

解答チェック

「(会社の)営業部」はsales department。では「人事部」は?

Ⓐ personnel department

解説 personnelは、"パーソネル"と後ろを強く読みます。

Q50

解答チェック

拍手する
(c　　) one's hands.

Ⓐ clap

解説「拍手かっさいする」はapplaud。

Q51

解答チェック

失敗した人にかける言葉として適切でないのは?
①Don't worry. ②Don't mind. ③Never mind.

Ⓐ ②Don't mind.

解説 日本語では「ドンマイ」と言いますが、英語ではDon't mind. とは言いません。

Q52

解答チェック

「雪のように」と言えば「白い」(as white as snow)。では、「as (　　) as a bee」のカッコ内に入る形容詞は?

Ⓐ busy

解説「蜂のように忙しい」

Q53

解答チェック

まさか。
No (k　　).

Ⓐ kidding

解説 No joking. とも言います。

Q54

解答チェック

「遅れてすみません」に当たる最も自然な英語は?
①I'm sorry I'm late. ②I'm sorry to be late.
③I'm sorry for being late.

Ⓐ ①I'm sorry I'm late.

解説 ②③も文法的には成り立ちますが、①が最もふつうの言い方。

Q55

解答チェック

Genius is one percent inspiration and ninety-nine percent perspiration. は誰の言葉?

Ⓐ エジソン

解説「天才は1パーセントが霊感で99パーセントは汗の結晶である」

英語で日常生活も大丈夫！

TOEICスコア:651 ～ 700点レベル

Q56

解答チェック

PIN codeとは何の番号？

Ⓐ （キャッシュカードの）暗証番号

解説 PINはpersonal identification numberの頭文字を取った言葉。

Q57

解答チェック

我々は抜本的な方策をとらねばならない。
We must take some drastic (m　　).

Ⓐ measures

解説 take measures「方策を取る」

Q58

解答チェック

「履歴書」を意味する、rで始まる単語は？

Ⓐ resume

解説 日本語で言う「レジュメ［梗概《こうがい》］」の意味もあります。

Q59

解答チェック

「パソコンを使いこなせること」はcomputeracyと言います。これは、computerとどんな単語の合成語？

Ⓐ literacy

解説 computer literacyは最近よく聞く言葉。
Literacyはもともと「読み書き能力」のこと。

Q60

解答チェック

次のうちで、一番弱い雨は？
①driving rain　②fine rain　③torrential rain
④pouring rain

Ⓐ ②fine rain

解説 順に①「横なぐりの雨」　②「霧雨」　③「豪雨」
④「どしゃぶりの雨」。

Q61

解答チェック

それをはっきり説明してくれ。
（①Pass ②Dawn ③Spell ④Reach） it out for me.

Ⓐ ③Spell

解説 spell out ～「～をはっきり説明する」

Q62

解答チェック

彼女を食事に誘ったら、How about a rain check? と言われました。どんな意味？　①また今度ね。
②割り勘にしましょう。　③安い店がいいわ。

Ⓐ ①また今度ね。

解説 rain checkとは「雨天順延券」のこと。「都合のいいときにまた誘ってください」と言いたいときに使います。

Q63

解答チェック

この仕事は前任者から引き継ぎました。
I took (　　) this job from my predecessor.

Ⓐ over

解説 take over ～「～を引き継ぐ」

Q64

解答チェック

He bought national bonds. と言ったとき、彼が買ったものは何？

Ⓐ 国債

解説 「社債」はcorporate debenture［bond］。

Q65

解答チェック

That's just another story. を日本語に直すと？
①それは信じられない話だ。　②それはありふれた話だ。　③それは無関係の話だ。

Ⓐ ②それはありふれた話だ。

解説 just another は「月並みな」の意味。

Q66

解答チェック

optician's shopで売っているものは？

Ⓐ メガネ

解説 opticianは「メガネ屋」。

ビジネス英語が使いこなせる!

TOEICスコア:701 ~ 800点レベル

Q67

解答チェック

会話でBeats me. と言えば、どんな意味？
①勘弁してくれ。　②全然わからない。
③うそじゃない。

A ②全然わからない。

解説 I have no idea.の意味。
It beats me.とも言います。

Q68

解答チェック

これらの市場にはどうやったら参入できますか？
How can we gain (①right ②place ③access ④door) to these markets?

A ③access

解説 accessは「近づく[入手する]経路」。

Q69

解答チェック

「投資」はinvestment。では「投機」を意味するsで始まる語は？

A speculation

解説「投資する」はinvest、「投機する」はspeculate。

Q70

解答チェック

人はパンのみにて生きるにあらず。
Man does not live by bread (　　　).

A alone

解説 aloneには「～だけ (only)」の意味があります。

Q71

解答チェック

He's type A. と言えば、彼はどんな人？
①精力的な人　②神経質な人　③楽天家
④浮気な人

A ①精力的な人

解説 type B は「のんびり屋」。
type Aの人は心臓病になりやすいと言われます。

Q72

解答チェック

tongue twisterを日本語に直すと？

A 早口言葉

解説 直訳は「舌をからませるもの」。

Q73

解答チェック

Let's call it a day. を日本語に直すと？
①これから1日がんばろう。　②今日はこれで終りにしよう。　③今日が一番大事な日だ。

A ②今日はこれで終りにしよう。

解説 call it a day「(その日の分の仕事を)切り上げる」

Q74

解答チェック

英字新聞によく出てくるLDPとは、何のこと？

A 自民党

解説 Liberal Democratic Party「自由民主党」の略。

Q75

解答チェック

この本は今年のベストセラーの1つです。
This book is (　　　) the best sellers this year.

A among

解説 among = one of

Q76

解答チェック

「固定資産税＝(　　　)tax」のカッコ内に入る単語は？

A property

解説 propertyは「財産」。
Fixed property taxとも言います。

Q77

解答チェック

retiring allowanceを日本語に直すと？

A 退職金

解説 allowanceは「手当」。

Q83 解答チェック

ジョークなどの「落ち[急所]」を2語の英語で言うと？

A punch line

解説 「(演説や広告などの)急所(となる文句)」のことも言います。

Q84 解答チェック

「光ファイバー」を英語に直すと？

A optical fiber

解説 opticalは「光学の」。

Q85 解答チェック

彼らは2人とも金持ちだが、桁が違う。
They are both rich, but there is no (c　　　) between them.

A comparison

解説 comparison「比較」

Q86 解答チェック

次の中で他の3つと意味が違う表現は？
①You don't say! ②Well, I never!
③You said it! ④Unbelievable!

A ③You said it!

解説 ③You said it! は「その通り」。
ほかは「まさか」。

Q87 解答チェック

「なくしていた鍵を見つけた」正しいのはどちら？
①I've found the missing key.
②I've found out the missing key.

A ①I've found the missing key.

解説 ②I've found out the missing key. は明らかな誤り。

Q88 解答チェック

surplusの反対の意味を持つ、dで始まる単語は？

A deficit

解説 surplusは「黒字」、deficitは「赤字」。

これが解けたら英語の達人！

TOEICスコア:801 ～ 900点レベル

Q78 解答チェック

real estate appraiserを日本語に直すと？

A 不動産鑑定士

解説 「不動産鑑定業者」はreal estate agent。

Q79 解答チェック

ゴミ処理場にあるのは、次のうちどれ？
①reactor ②incinerator ③dehydrator
④equivocator

A ②incinerator

解説 順に①「原子炉」 ②「焼却炉」 ③「電気乾燥機」
④「言葉を濁す人」。

Q80 解答チェック

野球などの連戦で対戦相手に全勝することを表す、sで始まる単語は？

A sweep

解説 選挙での大勝は、landslide (victory) と言います。

Q81 解答チェック

It's all (①French ②Dutch ③Greek ④German) to me.「私にはちんぷんかんぷんだ」のカッコ内に入る語は？

A ③Greek

解説 決まり文句。

Q82 解答チェック

She's down to earth. の意味にもっとも近いのは？
①She's realistic. ②She's depressed.
③She's poor.

A ①She's realistic.

解説 down to earthは「堅実な、現実的な」の意味です。

ネイティブ・スピーカー並みの英語力！

TOEICスコア:901点以上レベル

Q89

解答チェック

「判事」はjudge。
では、「検事」を表すpで始まる単語は？

A prosecutor

解説 動詞のprosecuteは「起訴する」の意味。

Q90

解答チェック

「強気相場」はbull market。では「弱気相場」は？

A bear market

解説 強気を雄牛、弱気を熊にたとえたもの。
bullish, bearishという形容詞もあります。

Q91

解答チェック

その会社の株価は急騰している。
The company's stock price is (s　　).

A skyrocketing [soaring]

解説 「暴落する」はcrash, fall, sharply。

Q92

解答チェック

「減価償却」を意味する、dで始まる単語は？

A depreciation

解説 「価格の低下」の意味もあります。
反意語はappreciation。

Q93

解答チェック

会社の査定などでの「能力主義」を意味する、mで始まる単語は？

A meritocracy

解説 発音は"メリトクラシー"。

Q94

解答チェック

Human error (a　　) for 90 percent of all airplane accidents.

A accounts

解説 「人間の犯す間違いが飛行機事故の原因の90%を占めている」

Q95

解答チェック

「私の職場は駅から遠い」。どちらの表現のほうが自然？
①My office is far from the station.
②My office is a long way from the station.

A ②My office is a long way from the station.

解説 far from ～は通常、疑問文・否定文で用います。

Q96

解答チェック

Koreaの形容詞はKorean。では、Iraqの形容詞は？

A Iraqi

解説 英字新聞やニュースではおなじみ。

Q97

解答チェック

会議は一向にらちがあかない。
The conference is getting (n　　).

A nowhere

解説 get nowhere 「成功しない。何にもならない」

Q98

解答チェック

お子さんの予定日はいつですか？
When is your baby (d　　).

A due

解説 due「(子どもが)生まれる予定で」

Q99

解答チェック

この会社の年間の取引高は数十億円になる。
The company has an annual (t　　) of several billion yen.

A turnover

解説 turnover 「総取引高」

気持ちが伝わる！

そのまま使える！ネイティブ表現50

松本祐香&ティム・ナイト

「恩に着ます！」「それはこっちのセリフだよ！」「おしいっ！」「いいこと言うじゃん！」「やっぱりね」「ついてないや」……。

日本語ならワケもなく伝えられることも、英語ではなかなか細かいニュアンスまでは伝わりません。しかし、些細なミスコミュニケーションが重大な問題を引き起こすことは、思っている以上に多いもの。そこで、ここでは『ネイティブだったらこう言うね』（PHP文庫）から、覚えておきたいネイティブ表現を紹介します。

そのまま使えば、相手からも一目置かれ、会話も弾むはず！

『ネイティブだったらこう言うね』
松本祐香（著）, ティム ナイト（著）, Tim Knight（原著）
PHP文庫　価格：500円（税込）

嬉しいとき、怒ったとき、お願いするときなど、気持ちの表現から、日常生活でよく出てくることば、学校や会社での会話まで、実際にネイティブ・スピーカーがよく使う英会話表現を524例紹介。シチュエーション別に分かれているので、興味のあるところから押さえていけば、より効率的に覚えられるはず。

驚くほどの英語の達人になること間違いなし。

その気持ち ネイティブだったらこう言うね！

① 解答チェック

恩にきます。

I'm indebted to you.

解説　"be indebted to 人"で「（人）に恩義がある」。日本語と同じく、恩義を感じ、とても感謝しているときに使いたい。他に "I'm in your debt." や "I'm deeply grateful to you." など。

② 解答チェック

聞いてるの？

Are you with me?

解説　他に "Are you following me?" "Do you follow me?" "Do I have your attention?" "Are you listening to me?" など。

③ 解答チェック

冗談もほどほどにしろよ。

That's enough of your jokes!

解説　シンプルに "Enough!" と言われることも多い。"That's enough of your jokes for one day" や "I'm tired/sick of your jokes!" も使われる。

④ 解答チェック

それはこっちのセリフだよ！

That's my line!

解説　"my" の部分を強調して言うこと。"line" は「セリフ」。他に "That's what I was going to say." など。

⑤ 解答チェック

マジで言ってんの？

Do you mean it?

解説　"Are you serious?" でもOK。

⑥ 解答チェック

おしいっ！

Close!

解説 "So close!" もよく使われる。この場合は、「閉める」の意味の "close"（クロウズ）ではなく、「近い」という意味の形容詞なので「クロウス」と発音する。

⑦ 解答チェック

あ、勘違いしてた。

Oh, I got it wrong.

解説 "I made a mistake." や "I was mistaken." でもよい。

⑧ 解答チェック

ばっかだなあ、お前！

You idiot!

解説 "Idiot" で「ばか、まぬけ、アホ」。冗談っぽくも、真剣な意味でも、使われる。

⑨ 解答チェック

なんとかなるよ。

It'll be all right.

解説 他に "We'll get through it somehow." や "It'll work out all right." など。

⑩ 解答チェック

あんまり深入りすんなよ。

Don't get involved too deeply.

解説 "be involved" で「巻き込まれる、関係する」。

⑪ 解答チェック

気合はバッチリだ！

I'm psyched up!

解説 "be psyched up" で「心構えをする、気合が入る」。「最終面接に向けて気合はバッチリだ」なら "I'm psyched up for the final interview."。

⑫ 解答チェック

仕方がないな。

It can't be helped.

解説 "There's nothing for it." とも言う。

⑬ 解答チェック

わかる、わかる。

I know how you feel.

解説 相手に同調して理解を示したいときに "I know how you feel." を使う。"I understand." "I know." でもよい。

⑭ 解答チェック

ごめん、今なんて言った？

Sorry, what did you say?

解説 しり上がりに発音する。"I'm sorry?"（しり上がりに発音）や "Pardon?" などもよく使われる。

⑮ 解答チェック

"習うより慣れよ"だよ。

It's a case of getting used to it rather than studying.

解説 "get used to ～"で「～に慣れる」。"A rather than B" で「BよりむしろA」。It's a case of learning by experience (rather than studying)." と言ってもよい。「習うより慣れよ」のことわざ表現は "Practice makes perfect."（練習を続ければ完璧になる）。

⑯ 解答チェック

いいこと言うじゃん！

That's a good point!

解説 自分とは違った見地から意見を言われて、「そうかー」と思ったときの「いいこと言うじゃん！」。"Exactly!" や "Yeah, that's absolutely right." でもよい。相手の意見に感心し、同調するときの「君、いいこと言うじゃ～ん」は "Well said." と言うとニュアンスが近い。

⑰ 解答チェック

なんとかしなくちゃ。

We have to do something.

解説 "Something must be done." はもう少しかしこまった言い方。

毎日の暮らし
ネイティブだったらどう言うの?

⑱ 解答チェック

ローンで家を買った。

I bought my home with the housing loan.

解説 “housing loan” で「住宅ローン」。
“with the mortgage.” とも言う。

⑲ 解答チェック

トイレの水が流れない。

The toilet doesn’t flush.

解説 “flush” で「(水が) どっと流れる」。
“The toilet’s not flushing.” “I can’t flush the toilet.” でもよい。

⑳ 解答チェック

このクルマはオンボロでもう全然走らないよ。

This car is just junk. It doesn’t work at all.

解説 “junk” で「ガラクタ、くだらないもの、価値の無いもの」。“junk food” (ジャンクフード) もよく使われる。

㉑ 解答チェック

かんぱーい!

Cheers!

解説 日本語でも乾杯をするときには様々な言葉をそえる習慣があるように、“To ～!” と自由にバリエーションを加えることができる。少しオールドファッションなどでは、“Your health!” と言ったり、「乾杯！ぐいっと飲んで！」という意味合いで “Down the hatch!”、イギリスでは “Bottoms up!” などと言ったりもする。

㉒ 解答チェック

あー、もう満腹だ。

Oh, I’m stuffed.

解説 “be stuffed” で「お腹がいっぱいになる、満腹である」。“I’m full.” でもよい。

㉓ 解答チェック

お勘定をお願いします。

Could you bring me the check?

解説 これは丁寧な言い方。“Check, please.” でもOK。“check”はアメリカ式。イギリスでは “bill”。“Can I have the check?” でもよい。

㉔ 解答チェック

オレが払うよ。今度はオレの番だ。

I’ll get it. It’s my turn.

解説 イギリス、オーストラリアでは “It’s my shout.” とも言う。またイギリスではパブというところで輪のようになって皆でお酒を飲む習慣があることから、“It’s my round.” とも言う

㉕ 解答チェック

ネクタイを結ぶ。

Put on a tie

解説 “tie one’s tie” は少しくどい言い方。正式には “necktie” だが、“tie” だけの形で使われることが多い。ネクタイをほどく場合は “take off/undo one’s tie”。「蝶ネクタイ」は “bow tie”。

㉖ 解答チェック

遅れそうだ。近道しないと。

I’m running late. I have to take a shortcut.

解説 “a shortcut” の代わりに “the back streets” (抜け道、裏通り) を使ってもよい。

㉗ 解答チェック

ちょっと暇つぶしに本屋にでも寄ろっかな?

Maybe I’ll stop at a bookshop to kill time.

解説 “kill time” で「時間をつぶす」。“I’ll drop in at a book store…” としてもよい。イギリスでは “bookshop”、アメリカでは “bookstore”。

㉘ 解答チェック

すぐ戻るよ。

I’ll be right back.

解説 “right”は強めの意味で使われている。
“I’ll be back.”でもOK。

ビジネスの とっておき表現!

㉙
解答チェック

おつなぎします。お待ちください。

I'll put you through. Please hold on.

解説 "put 人 through" で「(人) の電話をつなぐ」・"hold on" は「電話は切らないでおく」。"Putting you through. Hold the line, please." とも言う。

㉚
解答チェック

ただいま席を外しておりますが。

He's not at his desk right now.

解説 "He's not at his seat right now." でもよい。

㉛
解答チェック

出張中です。

He's out of the office.

解説 "He's out of the town." "He's on a business trip." あるいは"He's working off site." とも言う。

㉜
解答チェック

すみません、お名前をもう一度お願いできますか?

Could you remind me of your name?

解説 "Sorry, I did't catch your name." "Sorry, could you say your name again?" "Sorry, could I check your name?" などでもOK。

㉝
解答チェック

何時にお戻りですか?

When is he expected back?

解説 目的の人が何時に帰ってくるのかを電話の相手に尋ねるときの言い方。"When do you expect him back?" "When do you think he'll be back?" でもよい。

㉞
解答チェック

あ、すみません。間違えました。

Oh, I'm sorry. I must have got the wrong number.

解説 電話をかけ間違えたときに言うセリフ。"I must have dialed the wrong number." でもよい。

㉟
解答チェック

あの一件はどうなりましたか?
ああ、一段落つきましたよ。

"How did that thing go?"
"Oh, it's settled for the time being."

解説 "be settled"で「落ち着いた、決着がついた」。"for the time being" は「さしあたり、当分のあいだ」。

㊱
解答チェック

まだ中に浮いたままなんだよね。

It's still up in the air.

解説 未決定の状態。"It's still not decided yet." でもよい。

㊲
解答チェック

ちょっと言いにくいことですが…

It's hard for me to say this but ...

解説 "I don't know how to say this but …" や "It's awkward to say this but …" なども可。本当に言いにくそうに言えば完璧。

㊳
解答チェック

ちょっと確認ですが…

Just to make sure …

解説 "make sure" で「確かめる、念を入れる」。"Just let me check ..." もよく使われる。

㊴
解答チェック

聞き間違いかもしれませんが…

I might have misheard, but ...

解説 "mishear" で「聞き間違える」。"Perhaps I heard wrongly." でもOK。

これだけは知っておこう

身体と健康の表現!

40
解答チェック

猫背になってるよ。

You're round-shouldered.

解説 他に "You've got round-shoulders." "You've got a stoop." " You've got a hunchback." など。

41
解答チェック

最近ジム通いしてるんだよ。

I've been taking classes at a gym recently. (I'm taking classes at a gym.)

解説 "gym" は「ジム」。"taking classes" で「授業／クラスを受ける」。

42
解答チェック

シャツが汗でびしょびしょだよ。

Your shirt is soaking wet.

解説 "soaking" は「ずぶぬれの」、"soaking wet" で「びしょびしょに」。"Your shirt is soaked through." とも言う。

43
解答チェック

胃がキリキリ痛むんだ。

I have a sharp pain in my stomach.

解説 "sharp pain" は「キリキリとした痛み」(鈍痛はdull pain)。英語では胃も下腹部も"stomach"。「胃が痛い」も「お腹が痛い」も同じ表現になる。

44
解答チェック

足がしびれた～！

I have pins and needles in my legs!

解説 "have pins and needles" で「足がしびれる」。"pins" (ピン) と "needle" (針) からもわかるように、「チクチクする」感じのしびれを指す。

45
解答チェック

あっ、診察券忘れちゃいました…

Oh, I forgot to bring my consultation card ...

解説 "consultation card" で「診察券」。「診察時間」は "consultation hours"。

46
解答チェック

虫歯が痛いよー。

I've got toothache.

解説 "My bad tooth hurts." "I have an ache in my bad tooth." とも言う。

47
解答チェック

麻酔をした。

I had an anesthetic.

解説 "have an anesthetic" で「(医者に) 麻酔をかけられる」。"They gave me a jab." とも言う。"jab" は「注射」のスラング。「麻酔が効かない」は "The anesthetic does not work."。

48
解答チェック

コンタクトしてるの？

Are you wearing contacts?

解説 「コンタクトレンズ」は "contact lenses" だが、日本語でもしばしば「レンズ」を省略するように、英語でも "contact" (通例は複数形でcontacts) とする場合が多い。

49
解答チェック

視力はいいですか？

Do you have good eyesight?

解説 "eyesight" で「視力」。「ああ、とてもいいよ」と言うときは "Yes, my eyesight is perfect."。視力の表し方については、アメリカでは "20/20 vision : twenty-twenty vision, 20/40 : twenty-forty vision" という表し方が用いられている。不思議なことに、イギリスについては、一般の人が日本やアメリカのようにある一定の数値レベルで表すことはなく、ただ漠然と「良い、悪い」と言うだけ。「近視」は "short-sighted" 。「遠視」は "long-sighted"

50
解答チェック

試合中に足首を捻挫してしまった。

I twisted my ankle during the match.

解説 "twist one's ～ " で「～を捻挫する」。"sprain" でもよい。

第4章

効率アップ！
最強の英語学習ツール

まずは「読む」「聴く」に絞って勉強するのが得策だ！

“使える英語”に触れるデジタルツール活用術

英語を勉強するための方法や教材にはさまざまなものがあるが、その方法やツール選びが適切でなければ、いくら頑張って勉強しても上達はおぼつかない。

そこで、仕事を効率よく進める“ハック”ブームの立役者の一人であり、『英語ハックス』という共著書も出版している佐々木正悟氏に、社会人にとっての効率のよい英語勉強法と、それに役立つツールについてお話をうかがった。

心理ジャーナリスト

佐々木正悟

Shougo Sasaki

1973年、北海道生まれ。獨協大学卒業後、ドコモ・サービス㈱勤務ののち、2001年、米アヴィラ大学心理学科に留学。同大学卒業後、04年、ネバダ州立大学リノ校実験心理学科博士課程に移籍。05年に帰国し、専門の心理学の知見を活かして仕事の問題を解決する情報発信を行ない、“ハック”ブームの仕掛け人の一人となる。著書に、『いつも先送りするあなたがすぐやる人になる50の方法』（中経出版）など多数。

取材・構成：杉山直隆

社会人にとって必要な英語とは？

「英字新聞をスラスラ読めて、英文も辞書なしで書ける。まるでネイティブのような発音で流暢に話せる」――。英語を勉強している人の多くは、そんな理想的な自分の姿を夢みることがあるのではないでしょうか。

しかし、“英語の達人”をめざそうとする姿勢こそが、何よりも英語の上達を妨げているのです。

英語の達人になろう、英語をマスターしようと考える人は、最初から「読む」「書く」「話す」「聴く」というすべての英語力を鍛えようと考えがちです。しかし、時間がないので、どれもこれも中途半端になってしまいます。その結果、なかなか実戦で使える力がつかず、挫折する……といった悪循環に陥ってしまうのです。

途中で挫折しないためには、最初に「いまの自分にはどんな英語力が必要か」をはっきりさせて、まず必要最小限の力を身につける勉強法に集中することが大切です。

私自身のことを例に挙げると、二十八歳から四年間アメリカに留学しましたが、結局、英字新聞を読みこなせるようにはなりませんでした。しかし教科書は、渡米後数カ月でスピーディーに読めるようになりました。必要に迫られて、教科書を読む訓練に力を注いだからです。目的を絞り込んで勉強すれば、最低限必要な英語力は短期間でも身につけられます。達人をめざすのは、それからでも遅くはありません。

自分に必要な英語力は何かがよくわからない、という人は、まずは「読む力」と「聴く力」を鍛えることをお勧めします。なぜなら、英語の「読む」「聴く」さえできれば、仕事の場面でもかなりのことができるからです。仕事で英語が必要になるのは、海外の文献や取引先からのメール、英語サイトなど、「読む」場面がもっとも多いはずですし、「聴く」ことができれば、外国人のビジネスパーソンとコミュニケーションを図ることもできます。話の内容が聴き取れれば、話すことはどうにかなるものです。

では、この二つの力を高めるためには何をすればよいかというと、残念ながら「量をこなすこと」以外にない、というのが私の結論です。日本人が、学校や受験などであれだけ勉強しているにもかかわらずほとんど英語を使いこなせないのは、英語に触れる量が絶対的に不足しているからです。とくに「聴く」に関しては、まったく足りないといっていいでしょう。

「読む」はともかく、「聴く」については、かつては留学するか、英会話のレッスンに頻繁に通うくらいしか選択肢がありませんでしたが、幸いなことに、最近は便利なデジタルツールが続々と登場しており、日本にいても英語に触れる量を増やすことが容易になりました。以下に、これらのツールとその活用方法を紹介しましょう。

『英語ハックス』
佐々木正悟＆堀E.正岳共著
日本実業出版社

読書量を増やすには相性のいい著者を探せ

もし、本気で英語の「読む力」を鍛えようと思うならば、本にして一万ページ程度は読破する必要があると思います。それだけ読めば、読む力は確実に向上しますが、たとえそこまでではなくとも、英語教材のテキストではなく洋書を読むことは、実践的な読解力を養うのに大いに役立ちます。

とはいえ、読み慣れない人にとって、洋書は分厚く、持ち運びにくいもの。読む前から気持ちが萎《な》えてしまうかもしれません。

そこで利用したいのが、iPhone版『kindle（キンドル）』です。これなら、通勤電車のなかでも気軽に洋書に挑戦できます。

読む本のジャンルは何でもかまいません。極端な話、『不思議の国のアリス』のような児童文学でもいいのです。洋書を一冊読み切るのはなかなかハードルが高いので、最初から小難しい内容の本を選ぶとすぐに挫折します。児童文学のようなやさしい内容のものから入ったほうが、よりラクに読書量を増やすことができるでしょう。

何を読んだらいいかわからなければ、日本語の翻訳本で面白いと思う本を探して、その著者のほかの作品

佐々木氏が勧める 1 英語力を上げるデジタルツール

洋書といっても、ストーリーがわかっている児童文学ならば、初心者でも挑戦しやすい

『kindle（キンドル）』

アメリカでは電子ブックリーダーのハードウェアが普及しているkindle。iPhoneユーザーならば、アプリをインストールすれば、その機能をiPhoneで使用可能。米国Amazonのサイトで試し読みして、気に入ればそのままダウンロードして購入できる。重くてかさばるイメージの強い洋書を、通勤電車でも気軽に読むことができ、空いた時間に読書量が増やせる。

佐々木氏が勧める 2 英語力を上げるデジタルツール

自分が興味も関心もない英文を読むのは、苦痛で長続きするものではない。英字新聞の記事も、日本語の新聞と同じように自分の関心のあるものだけ読めばいい

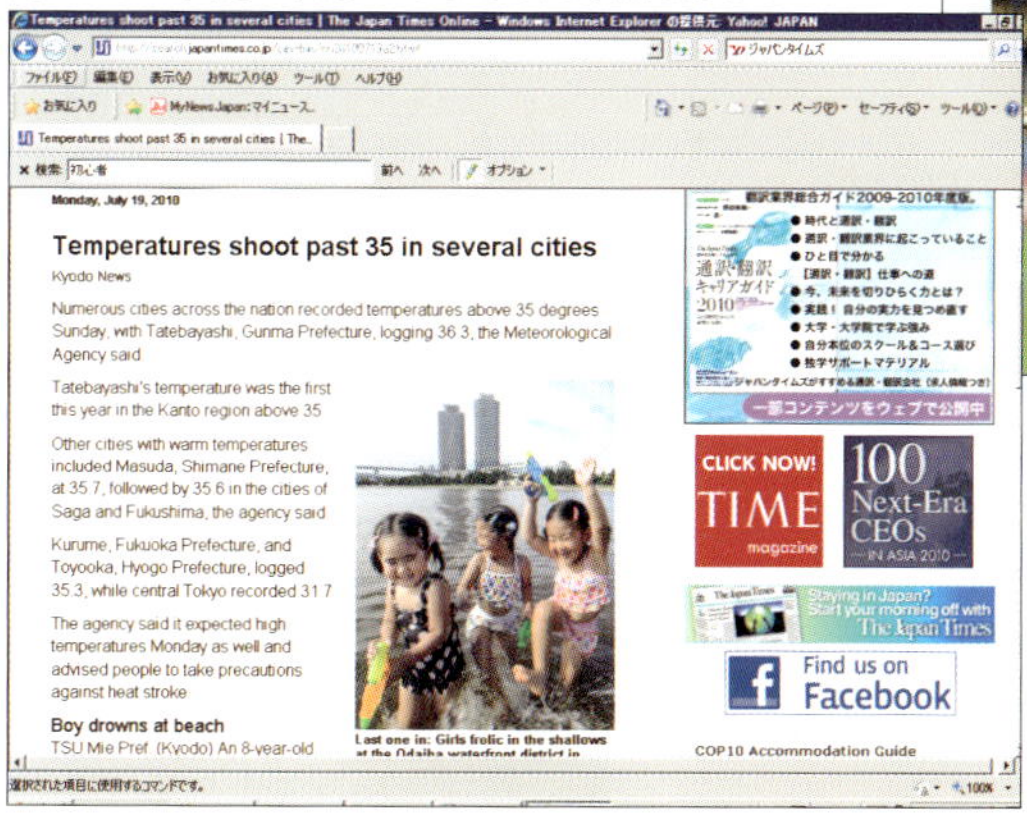

『The Japan Times Online』

http://www.japantimes.co.jp/

日本の英字新聞『The Japan Times』のサイト。じつは、新聞記事というものは、背景となる情報をかなり省略して書かれているため、アメリカで生活した経験のない人が『New York Times』を読みこなすのはかなりハードルが高い。その点、『The Japan Times』ならば、日本の主要ニュースを英語で読めるので、より内容が理解しやすく、続けやすい。

を読み進める、という方法がお勧めです。ある著者の作品が気に入るということは、その著者の思考や話の展開のしかたが自分に合っている、ということ。ですから、同じ著者のほかの作品を読んでも、理解しやすい場合が多いはず。自分と相性のいい作家を見つけることができれば、読書量を増やすのがもっと容易になるはずです。

英字新聞を読むというのも、読む量を増やすのに役立ちます。ただ、『New York Times』や『Washington Post』ではなく、『The Japan Times』をお勧めします。

なぜなら新聞記事は、その背景に関する知識がないと理解するのが難しいからです。『The Japan Times』は日本の話題が書かれていますから、内容をより理解しやすい。また、自分の生活に関係するニュースも多いため、遠いアメリカの事件を読むよりはずっと続けやすいはずです。スマートフォンなどで、『The Japan Times Online』にアクセスすれば、主要なニュースを読むことができるので、まずはここから挑戦してみるといいでしょう。

「素人映像」を観ることで実践的な英語力を鍛えよう

日本人の場合、「リーディングはそこそこできても、リスニングはまったくダメ」という人が多いのではないかと思います。これは、さきほどお話ししたように、英語を聴く経験が足りないためですが、さらに正確にいえば、「大学教授が話すようなきれいな英語ではない、クセのある素人の英語」を聴き慣れていないことが原因です。

日本で英語を勉強している人の多くは気づかないことですが、海外にいって、音声教材で聴くようなきちんとした英語を話す人に出会うことはほとんどありません。多くの場合、なんらかの訛《なま》りがあるのが普通です。その前提で勉強しないかぎり、日常で使える英語力はなかなか身につきません。

そこで、「素人の英語」を聴き取る訓練にもってこいなのが、『YouTube』です。ご存じのように、『YouTube』には、素人が英語を話している映像がたくさんアップされています。それを観るのがいいエクササイズになるのです。何をいっているかわからなくても、画像があるので話の内容はうっすらとわかるはず。そうして何度も観ていけば、言葉も少しずつ聴き取れるようになってきます。

そうして素人の英語に慣れてきたら、その次は、「何の話かよくわからない映像」に挑戦するとよいでしょう。

さきほどの英字新聞の例にも通じることですが、言葉が聴き取れるか聴き取れないかは、話の前提がわかっているかどうかに大きく左右されます。たとえば、英会話の教材に出てくる、「レストランでの注文のしかた」といった会話は、前提が決まっているわけですから、相手の発言がある程度、類推できます。しかし、現実の会話では、何気ない雑談のように、話の前提がわからないことが少なくありません。だからチンプンカンプンになってしまうわけです。

『YouTube』を利用すれば、そうした「何の話かよくわからない映像」を無料でたくさん観ることができますから、「話の前提を類推する力」を含めた実践的なリスニング力を鍛えることができるのです。

ほかにも、英語学習サイトやポッドキャストなど、上手に使えば生きた英語に触れられるツールはたくさんあります。そうしたものを上手に利用して、意識的に「英語漬け」の状態をつくれば、その人の英語力は格段に向上すると思います。

佐々木氏が勧める 3 英語力を上げるデジタルツール

『YouTube』

世界最大の動画投稿サイト『YouTube』も立派な勉強ツールになり得る。素人が投稿した動画のなかに収められている英語は、日本の教材ではなかなか接することができない「生の英語」。パソコンを前に、留学した場合に近い状況が再現できるわけだ。言葉がよく聴き取れなくても、映像を頼りに類推することで、実践的なリスニング力を鍛えられる。

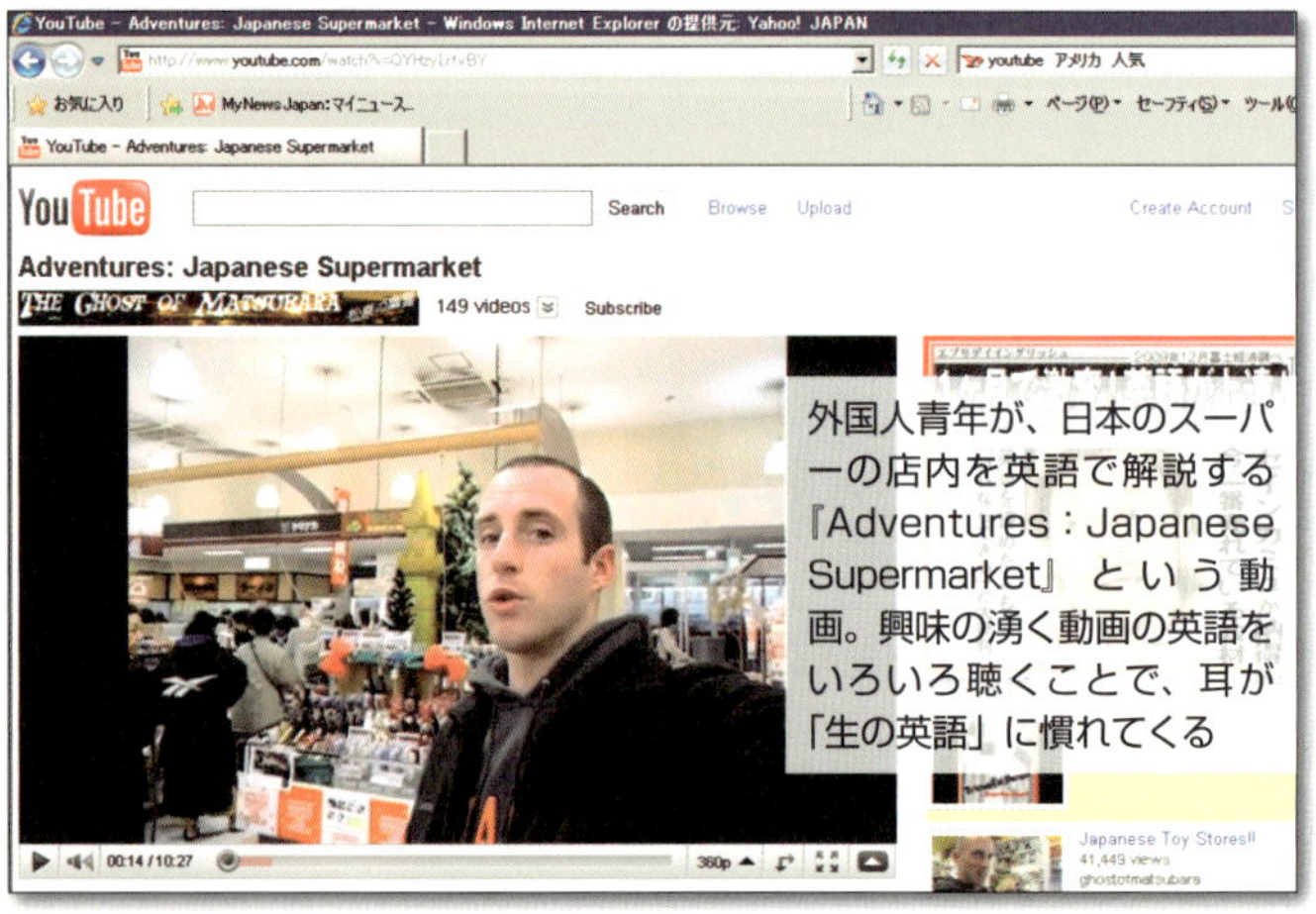

外国人青年が、日本のスーパーの店内を英語で解説する『Adventures：Japanese Supermarket』という動画。興味の湧く動画の英語をいろいろ聴くことで、耳が「生の英語」に慣れてくる

「時間がない」「お金がかかる」「続かない」……そんなあなたにぴったりな方法がここに！

あなたの悩みを解決する

最新 英語勉強ツール 7

英語を勉強したいと思ってはいても、時間や費用などの問題があって、なかなか踏み切れなかったり、続けられなかったりする……そんな人もいるのではないだろうか。だが最近は、これまでにない英語学習の方法が続々と登場している。ここでは、よくある英語学習の悩みと、それにふさわしいサービスやツールを紹介する。これらを活用すれば、英語上達への道がグッと近くなるはずだ。　取材・構成：齋藤麻紀子

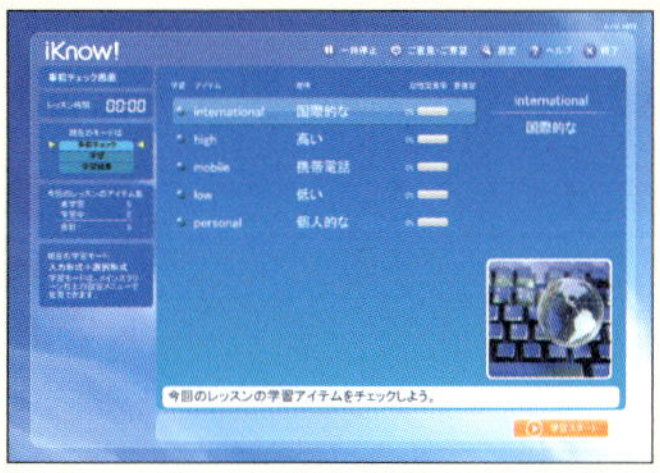

学習エンジンが問題に答えるまでの時間や傾向まで把握。その人にぴったりの学習プログラムを自動で提供してくれる

悩み 1

「英語の勉強に役立つサイトはいろいろあるけれど、どれがいいかよくわからなくて……」

そんな人にオススメ！

『Smart.fm』

http://smart.fm/

公式コンテンツだけでなく、パートナー企業や利用者が提供するコンテンツも人気を集めている

いまや、英語の勉強には欠かすことができないといえるほど、Webを利用した英語学習のサービスは充実している。ただ、あまりにたくさんの英語学習関係のサイトがあるため、いったい何を利用したらいいのかと、迷ってしまうこともあるだろう。そんな人にお勧めなのが、この『Smart.fm』というサイトだ。『Smart.fm』には、英語学習に役立つアプリケーションがいくつも用意されているが、最大の特徴は、独自の学習エンジンが組み込まれていること。この「iKnow!エンジン」というプログラムは、利用者の英語力や記憶の定着率を自動的に判断し、最適な学習スケジュールを組んでくれるというスグレモノ。だから利用者は、「いつ何を勉強したらいいか」を考えることなく、学習することだけに集中すればいい。無料というのが信じられないくらいの高度なサービスを提供してくれるのだ。

利用者は、まず自分がめざす目標＝ゴールを選ぶことから学習をスタートさせる。「TOEICで八百六十点以上を取りたい」「ビジネスで使える英語を覚えたい」「海外旅行で使える英語を覚えたい」など、複数あるゴールから自分に合ったものを選べば、あとはそれにふさわしい学習プログラムが自動的にスタートするしくみだ。

学習内容は、ヒアリングやタイピング、単語の暗記や語学に必要なスピードと集中力がアップするゲームなどさまざま。クイズ形式をベースとしているため、飽きずに続けられるのも大きな特徴だ。

不正解になった問題は、学習エンジンによって把握され、適切なタイミングで繰り返し出題される。もちろん、不正解のものを繰り返し学習できるサイトならほかにもあるが、『Smart.fm』の学習エンジンは、「正解」「不正解」の情報だけではなく、「解答までにかかった時間」や「忘れてしまうまでの期間」などのデータまで蓄積していく。それによって、利用者の「習熟度」や「学びグセ」を判断し、最適な学習タイミングとペースを調整してくれるのだという。いうなれば、パソコンの向こうに英語学習のパーソナルコーチがいるような感覚だ。

また、サイト上に用意されたSNSで利用者同士のコミュニケーションができるのも魅力。自分と同じコースで学習する利用者と、進捗状況を分かち合ったり、わからないことを質問したりすれば、コンピュータだけでなく、リアルなペースメーカーになってもらうこともできるだろう。パソコンを使った英語学習は、孤独に打ち込むイメージが強いが、そんな心配もない。

有料になるが、iPhone用のアプリも用意されており、通勤途中や出張先でもふだんと変わらないペースで学習が可能。これから、英語を勉強しようという人も、いまの勉強方法がしっくりこないという人も、ぜひ一度は試してみる価値のあるサービスといえる。

さらに「オススメのポイント」

★豊富なコンテンツを揃えた世界最大級の英語学習サイト

★このサイトだけでも総合的・効率的に英語を学習できる

悩み2

「マンツーマンで英会話を習いたいのだけれど、お金が心配……」

そんな人にオススメ！

オンライン英会話『レアジョブ』

http://www.rarejob.com/

日本語が堪能な講師は、人気のためにすぐに予約が埋まってしまうのだとか。自宅から気軽にレッスンにチャレンジしてみよう

先生とのマンツーマンのレッスンでたくさん英会話をしたい、と考えている人も多いと思うが、その際に気になるのが費用だ。つきっきりで教えてもらえば、それだけレッスン料金も高くなってしまう。

だが、そんな心配を払拭してくれるサービスがオンライン英会話の『レアジョブ』だ。インターネット電話「Ｓｋｙｐｅ」を使って、家にいながら講師にマンツーマンで英会話を教えてもらえるというこのサービス。毎日二十五分間話しても、なんと月額五千円という破格の安さ。ネットを使うことで固定費や通信費などを削減するとともに、フィリピンに住む外国人の講師を採用することで、日本国内で採用するよりも人件費を抑えてこの驚きの価格を実現しているという。

とはいえ、「安かろう悪かろう、なのでは？」と不安を感じる人もいるかもしれない。だが、講師陣は全員、フィリピンの最難関大学であるフィリピン大学の学生や出身者。質の高いレッスンが期待できる。

プロフィールをみて講師を指名できるうえ、生徒のレッスン情報が講師間で共有されているため、途中で講師の変更も可能。いろいろな先生と楽しく会話したい人にもお勧めだ。

学習時間帯は午後八時～午前一時（休日は午前九時～午後十二時もあり）なので、残業で遅くなった日でもレッスンが可能。さらに、レッスン開始の五分前まで予約できる柔軟さも、忙しいビジネスパーソンにとってはありがたい。まさに新しい英会話レッスンの形といえるだろう。

さらに「オススメのポイント」

★日本の東大に相当するフィリピン大学の学生&出身者が講師

★毎日25分話しても月額5000円（50分コースもあり）

悩み3

「決まった時間に英会話学校に通うのが難しくて……」

そんな人にオススメ！

『Rosetta Stone』

ロゼッタストーン　英語（アメリカ）

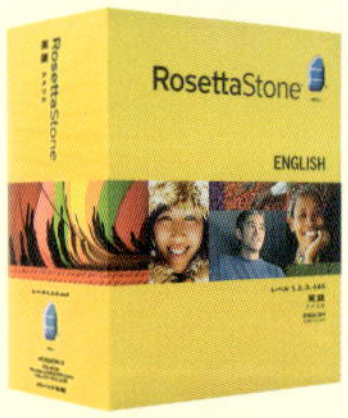

価格：7万9,800円（レベル1,2,3,4＆5のCD-ROM版の税込み価格／マイク付ヘッドセット同梱）

問い合わせ先：ロゼッタストーン・ジャパン㈱

フリーダイヤル：0120-7252-40

http://www.RosettaStone.co.jp

アメリカ英語、イギリス英語など31言語に対応。Webのフリートライアルや店舗で気軽に体験できる

英会話が上達するには、何より実際に話してみるのがいちばんの方法だ。とはいえ、仕事が忙しくて、決まった時間に英会話学校に通うのが難しいという人も多いのでは。だがそんな人でも、自由になる時間に、自分に合ったペースで英会話を身につけられるユニークなソフトがある。それがこの『Ｒｏｓｅｔｔａ Ｓｔｏｎｅ（ロゼッタストーン）』だ。『Ｒｏｓｅｔｔａ Ｓｔｏｎｅ』がほかとは違うのは、日本人が苦手とする「スピーキング」を重視している点だ。マイク付ヘッドセットをつけて、パソコン画面に展開される画像を目で追いながら、ネイティブの英語をまねて発音したり、適切な画像やテキストをクリックしたりする、というのが学習の基本。ソフトには発音を判定する独自の音声認識機能が組み込まれており、正しい発音が身につくまで繰り返しトレーニングできる。このように「みて、聞いて、話す」という自然なプロセスを再現しているから、赤ちゃんが言葉を身につけるように、「慣れる」感覚で自然に英会話の力を磨くことができるのだ。

人前で話すのが恥ずかしいから、英会話学校は苦手、という人もいるだろう。だが、パソコンがネイティブの先生になるこのソフトならば、気兼ねなく練習ができる。その点では、シャイな日本人にうってつけのソフトといえるかもしれない。そうして英会話に親しむうちに、実際に通じるかどうか試したくなってくるはず。そうすればしめたもの。英会話の上達は、さらに近づいてくることだろう。

さらに「オススメのポイント」

★安心の「6カ月返品保証」付き（自社サイトや店舗等でCD-ROM版購入の場合）

★パソコンに向かうだけなので「勉強！」と構えずラクに学べる

悩み4

「日常会話だと、普通の辞書だけではわからない単語がある……」

そんな人にオススメ！

『英辞郎』

http://www.alc.co.jp/

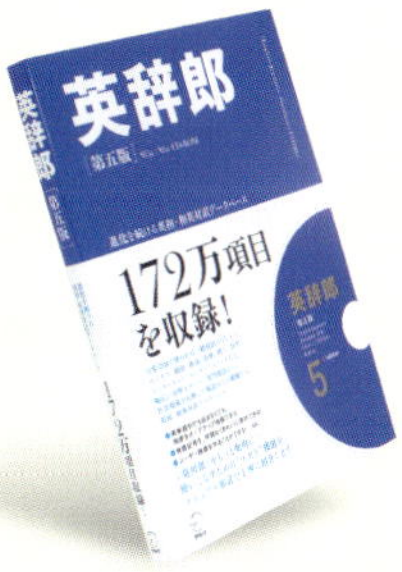

『英辞郎on the WEB』は、月間1億ものアクセスを集めるなど、オンライン英和辞書の定番的存在になっている

『英辞郎』は、「何でも載っている辞書をつくりたい」と考えた通訳や翻訳家がＥＤＰ（Electronic Dictionary Project）という組織を立ち上げ、十年あまりの年月をかけて制作した世界最大級の英和・和英データベースだ。和英データベースの見出しは約百七十万以上。現在も、年に数万の収録語句が増え続けているという。

『英辞郎』の特長は、たとえば、「ブログロール（blogroll）」などといった特定分野の単語や、「違法音楽ダウンロード（songlifting）」「職場いじめ（bullying in workplace）」などの専門・時事用語も収録されていること。さらに、一般的な辞書には掲載されない略語や俗語、日常会話の例文や挨拶文例も網羅している。これなら、普通の辞書には載っていない単語や表現でも、意味や用法を調べられる可能性が高い。

体験してみたい人は、収録語句数が少なめの『英辞郎ｏｎ ｔｈｅ ＷＥＢ』が、㈱アルクのホームページ上で無料公開されているから、気になる単語を調べてみるといい。豊富な解説や例文などにきっと驚くはずだ。

ある程度本気で英語の学習に取り組みたいと考えている人には、アルクから販売されているＣＤ-ＲＯＭ版（二千五百円／税込み）をお勧めする。利用者の検索履歴をもとに、自分に合わせた暗記テストやスペルテストが行なえたり、自分だけのオリジナルの単語帳を作成できたりするなど、豊富な機能が魅力だ。きっと、英会話学習の心強いパートナーになってくれることだろう。

さらに「オススメのポイント」

★172万語以上という圧倒的な語句数を収録

★単語の意味だけでなく、会話に合わせた言い回しも習得できる

悩み5

「クォリティーの高い英語を、手軽に実感できる方法はない？」

そんな人にオススメ！

『TED.com』

http://www.ted.com/

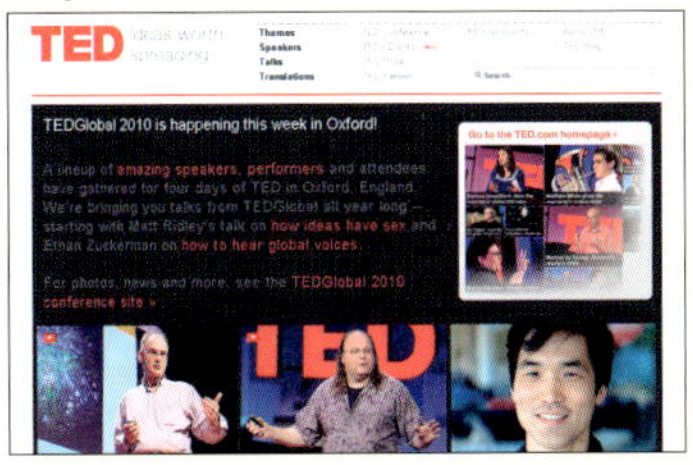

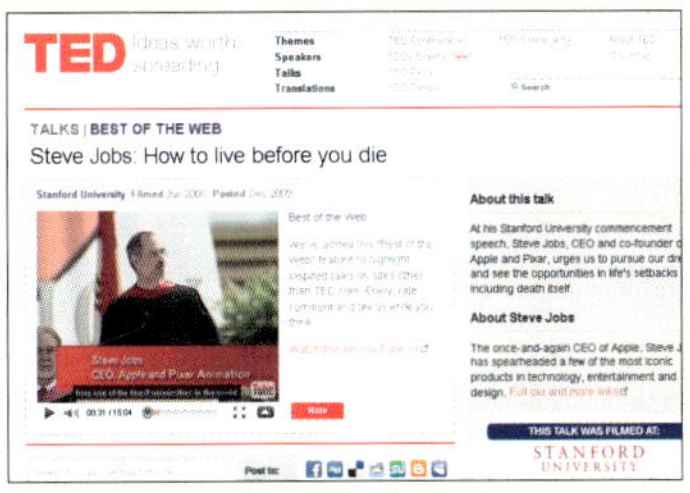

スティーブ・ジョブズが、スタンフォード大学の卒業生たちを前に話した有名なスピーチ『How to live before you die』も視聴可能

世界的な有名人の講演を視聴できるというだけでも興味深いのに、その講演を聴くことで英語の学習も同時にできてしまうとしたら、のぞいてみたくはならないだろうか。しかも無料と聞けばなおさらだろう。それが『ＴＥＤ.ｃｏｍ』だ。

ここで視聴可能な講演動画に登場するのは、環境問題を世界に訴え続けている元アメリカ副大統領のアル・ゴア氏や、Ａｐｐｌｅ創始者のスティーブ・ジョブズ氏など、まさに世界を牽引する超一流の人たち。科学、芸術、社会活動、経営など、多方面で活躍する人たちの姿と声が収められている。

各動画には、英語字幕がついているため、リスニングが苦手な人でも目で確認しながら視聴できる。「Talks in Japanese」のコーナーには、日本語字幕がついた動画も収められているので、まずはこちらで著名人たちの講演の面白さを体験してみるのもいいだろう。一つの動画は長くても二十分程度なので、長すぎて飽きるということもない。

海外ニュース番組や洋画など、楽しみながら英語を学べるツールはほかにもたくさんあるが、現代の偉人たちの肉声で最先端の知識や思考に触れられる方法はそうそうない。人前で発表する機会が多いビジネスパーソンならば、聴衆を退屈させずに、なおかつ大事なメッセージをしっかり伝える彼らのプレゼンテーションの技を観るだけでも、得られるものがあるはずだ。

英語を学ぶことは世界を学ぶこと――。そんな感覚を体感できるサイトだ。

さらに「オススメのポイント」

★英語を学びつつ、世界のリーダーの考えや知恵に触れられる

★実践的な英語スピーチを学べる

悩み 6

「家や会社の近所で、個人レッスンを受けられるといいのに……」

そんな人にオススメ！

『SenseiSagasu.com』

http://findateacher.net/actualJ.html

「最寄り駅」や「地域名」だけでなく、「講師の年齢・性別」や「国籍」「レッスン料金」「曜日」など多数の項目から検索が可能

『SenseiSagasu.com（センセイサガスドットコム）』は、その名前からわかるとおり、ネイティブ外国語講師を、教わりたい言語、住所や最寄り駅などの条件を指定して検索できるというサイトだ。自分で気軽に条件に合った先生を探すことができる。

自分に合いそうな講師が見つかったら、三千八百円を支払えば、五人までの紹介を受けられる（紹介料はオンラインでクレジット決済が可能）。レッスンは、講師との直接契約になるから、場所や日時は相談して決めることができる。先生の都合が合えば、自宅の近所や会社の近くの喫茶店でレッスンを受けることも可能。一人の先生について集中的にレッスンを受けてもいいし、たくさんの先生から教えてもらうのもいい。使い方次第で、自由にレッスンプランを組むことができるわけだ。

もう一つの魅力は手頃なレッスン料金だ。講師の経験やスキルによって値段に差はあるものの、全講師のレッスンの平均価格は、一時間当たり三千円程度だという。マンツーマンでレッスンを受けての料金と考えれば、破格の安さといえる。

入会金などもかからないのも利点。英語を勉強する際、先生についてレッスンを受けるだけでなく、テキストや音声教材などで自習する人も多いから、初期費用を安く抑えられることは大きなメリットといえるだろう。

まさに自分で「英会話の家庭教師を探す」感覚のこのサイト。講師との相性を重視する人にはお勧めのサービスだ。

さらに「オススメのポイント」

★若手からベテランまで自分に合った年代、性別の先生を探せる

★「ビルマ語」「トルコ語」など、日本では珍しい言語も検索可能

悩み 7

「楽しみながら英語力が身につく教材はありませんか？」

そんな人にオススメ！

『超字幕』

http://www.chou-jimaku.com/

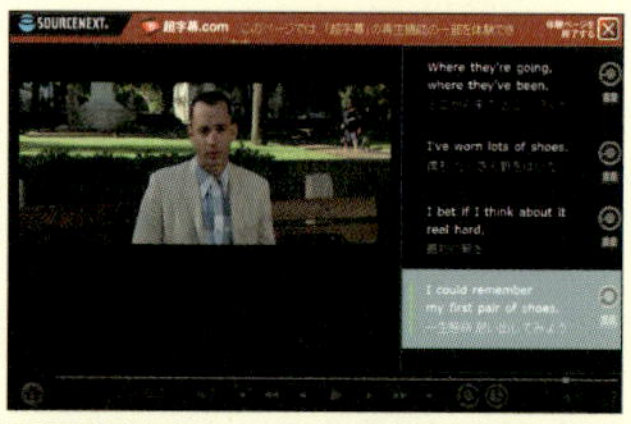

画面横に全セリフの字幕が表示され、自在にスクロールが可能。これで「聴き逃した・見逃した」ということもなくなる

『超字幕』は、『ウイルスセキュリティZERO』などで知られるソースネクスト㈱が制作する「映画を楽しみながら英語を学べる」パソコンソフト。だが、ただの映画ソフトではない。英語、日本語の字幕はもちろん、英語と日本語の字幕を並べて表示することも可能。耳で聴いたセリフを英語字幕で確認しながら、同時に日本語での意味も理解することが可能になっている。

とくに初心者にお勧めなのは、キー一つで聴きたいセリフを何度でも繰り返して聴ける「リピート再生機能」。聴いて、理解して、発音するという英語学習の基礎を繰り返すことで、映画のストーリーのなかで繰り広げられる「生きた英語」を習得できるようになっている。

「映画のセリフなんて、早すぎて自分には聴き取れないのでは」という人には、「スロー再生」機能もあるから安心だ。字幕上の英単語を、マウスで選択するだけで日本語訳で表示する機能や、四十六万語を収録した英和辞典も内蔵するなど、ほかの機能も充実。まさに「超字幕」の名のとおり、映画をベースにした英語学習ソフトといえるだろう。それでいて、標準価格は千九百八十〜四千九百八十円（税込み）と、一般的な映画のDVDとさほど変わらないところも大きな魅力だ。

気になるタイトルは、『ローマの休日』のような名作から、『ハリーポッター』などの話題作まで幅広いラインナップ。自分の好きな映画を教材にすれば、飽きやすい人でも、きっと学習がはかどるはずだ。

さらに「オススメのポイント」

★「お気に入りのフレーズ」の登録が可能。何度も繰り返し聴ける

★気になる単語を登録すれば、iPhoneで繰り返し学習できる

話題のiPhone、iPadでも、英語を学べるソフトが続々登場中！

英語学習の効率をグンと上げる
お勧めアプリ 11

流行に敏感なビジネスパーソンならばきっと、デジタルツールを英語学習に活かしたいと考えているはず。ここでは、iPhone、iPad、そしてAndroidのアプリケーションソフトのなかから、ひと味違ったものを厳選して紹介しよう。スキマ時間の活用に、いつもの勉強の息抜きに、きっと役立つはずだ。

取材・構成：齋藤麻紀子

『キク★英単語【初級】』

手と耳で効率的に覚える！

ベストセラー英単語書籍『キクタン【Basic】4000』に掲載された全1,120単語を収録。音声を聞きながら、単語帳を"めくって覚える"感覚をiPhoneの画面上で再現した。画面の上下を逆にすると、「英語→日本語」から「日本語→英語」表示に切り替わるのもユニーク。

提供：Ninas Inc
価格：1,200円（税込み）

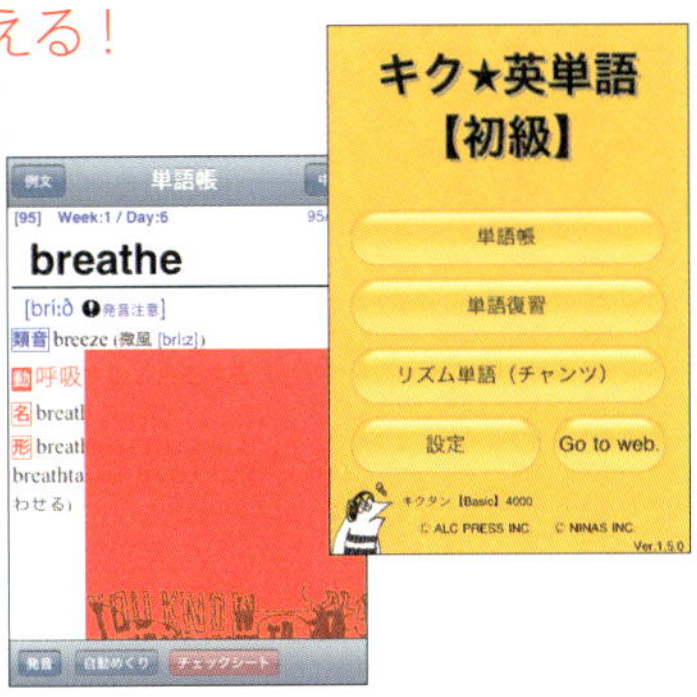

『スティーブの英会話ペラペラビジネス100』

知っておいて損はないフレーズが満載！

「May I have the Sales Dept. please ?（営業部をお願いできますか？）」など、ビジネスシーンで役立つ「パワーフレーズ」だけを集めたアプリ。やさしい単語ばかりで構成されているので頭にも入りやすい。これで予習しておけば、とっさの場面でもきっと役立つことだろう。

提供：ALC PRESS, INC.
価格：1,200円（税込み）

『英語即答トレーニング』

「とっさのひと言」が身につく！

「Are you Serious!?（マジで!?）」など、とっさに使える英語フレーズを厳選したアプリ。英語を苦手と感じるのは、自然な応答やあいづちのストックが少ないから。これで英語の反射神経を鍛えておけば、実際の会話でも自然な言葉が口から出るようになるはず。

提供：SHOGAKUKAN.INC
価格：450円（税込み）

『iはつおん２』

発音を徹底して鍛えたい人に！

英語の勉強で疎かになりがちな発音の練習に特化したアプリ。このアプリには、33種類、約800個のお手本が収録されているので、日本語と大きく異なる英語の発音をじっくり学ぶことができる。録音機能がついているので、自分の発音を客観的に聞くことも可能。

提供：FrontierOne Software
料金：450円（税込み）

『ドラえもん イングリッシュ・コミックス』

名作マンガが「英文電子コミック」に！

あの『ドラえもん』の英語版コミックがiPhoneでも楽しめる！　わからない英文は、画面をタップすれば日本語を表示。英語のセリフはネイティブの音声で収録されているので、慣れ親しんだストーリーを楽しみながら、リスニング力も鍛えることができる。

提供：SHOGAKUKAN.INC
価格：350円（税込み）

注：各アプリの価格は調査時のもので、変更になる可能性があります。また提供元や運営会社の都合により、アプリの提供が終了になる場合があります。

『Alice for the iPad』

英語を学びつつ
技術の進歩を体感！

いわずと知れた『不思議の国のアリス』のiPad専用アプリ。全編英語だが、絵本ということもあり文章量は少ないので、初心者でもじゅうぶん読み切れるはず。iPadを左右に傾けると、絵の一部が楽しい動きをみせる点が話題になっている。楽しく英語に親しめるというだけでなく、〝本の未来〟も感じられる点で、要注目のアプリだ。

提供：Atomic Antelope
価格：1,000円（税込み）

話題の『iPad』でも、英語学習に
役立つ専用アプリが続々登場中！

『ダーリンは外国人 in English』

異文化マンガを英文で読む！

シリーズ累計部数300万部を突破した人気コミックがiPadに登場。英語・日本語が同時掲載されたバイリンガル版だが、ボタン1つで日本語表記のオン・オフ切り替えが可能。外国人の「ダーリン」からみた日本を、英文マンガで読むというのも乙なものかも。

提供：MEDIA FACTORY,INC.
価格：700円（税込み）

『TOEICテスト スーパー模試600問』

本番のリズムを体験するのに最適！

TOEICの試験で出題率の高い語彙やフレーズを盛り込んだiPad版TOEIC模擬試験。大きめの画面を活かして、臨場感のある試験対策が可能。解答中は、画面上部に制限時間が表示されるため、時間内に問題を解き切るためのリズムを身につけることができる。

提供：ALC PRESS, INC.
価格：1,800円（税込み）

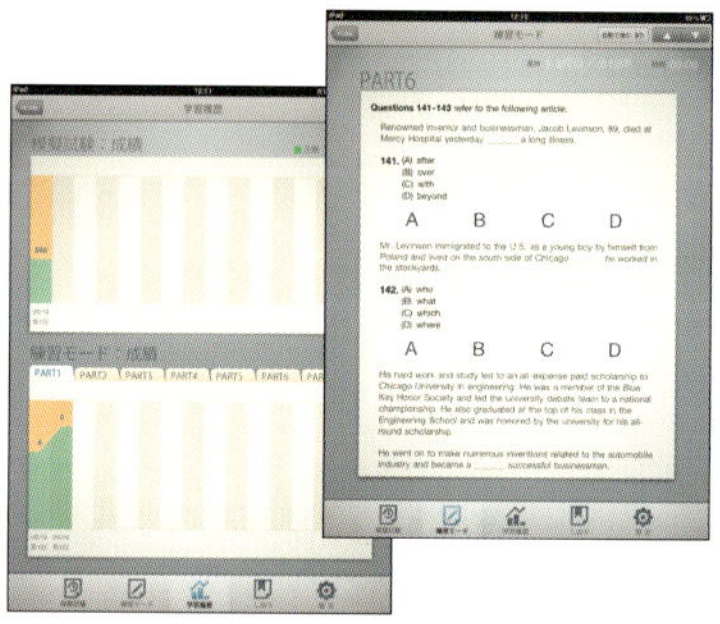

『Useless Facts』

ささいな内容も
英語だと新鮮？

その名のとおり〝どうしようもないこと〟を英語で教えてくれるアプリ。「The average person has over 1460 dreams a year.（一般の人は、1年間に1460回もの夢を見ます）」。かつて流行った「トリビア」に近いが、印象に残る短文の表現を真似してみるのも面白い。

提供：Moonbeam Development
価格：無料

「Androidケータイ」の
ユーザーが増えるにつれ、
英語学習アプリも増加中。

『エキサイト英語翻訳』

もっていれば役立つ
簡易翻訳機！

気軽に使える英語翻訳アプリ。日本語、もしくは英語の原文を入れてボタンを押せば、すぐに翻訳結果を確認できる。読み上げ機能もあるので、簡易音声翻訳機としても使用可能。翻訳文はtwitterにも簡単に投稿できるので、英文でつぶやきたい場合にも便利。

提供：Excite Japan Co.,Ltd
価格:無料

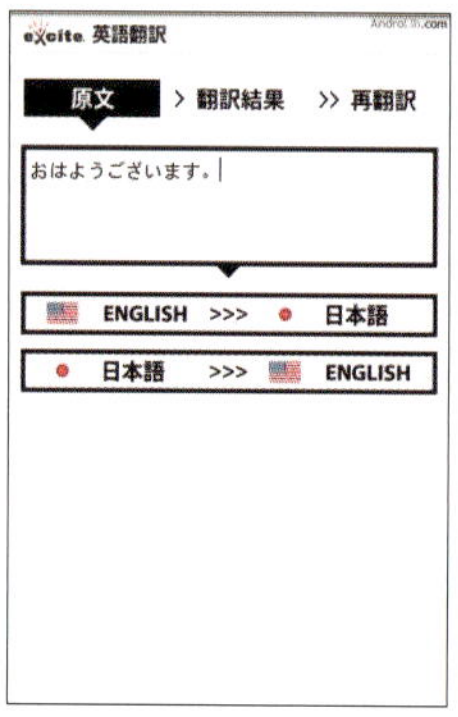

『WordUp!』

ゲームをやりながら
単語力を鍛える！

英語学習の肝は単語だといわれるが、英単語を機械的に覚えるのは辛いもの。だが、このアプリがそんな苦痛を軽減してくれるかも。アルファベットが書かれたタイルをなぞることで英単語をつくっていくゲームで、楽しみながら英単語のストックが増やせる。

提供：Anthrological
価格：無料

注：各アプリの価格は調査時のもので、変更になる可能性があります。また提供元や運営会社の都合により、アプリの提供が終了になる場合があります。

国内で英語をマスターした人の体験談がぎっしり！

『海外経験ゼロ。それでもTOEIC® 900点』

著者：宮下裕介／扶桑社／価格：1,470円

最初に受けたTOEICスコアは540点。そこからわずか2年半で、TOEIC900点を確実に取れる英語力を習得。しかも、日本で会社員として日々忙しく働きながら、英会話学校にもいかず、お金もさほどかけずに──。そんな経験をもつ著者が、TOEIC900点のハードルを最短でクリアするための135の法則を紹介。とくに、お勧めのTOEIC対策本と、絶対買ってはいけないダメTOEIC対策本を大胆にも紹介した章は、一読の価値あり。

『留学しないで、英語の超★達人！』

著者：有子山博美／中経出版／価格：1,575円

留学経験なしでTOEIC990点（満点）を達成するとともに、洋画や海外ドラマで「ナマの英語」をマスターしたという著者が、国内でネイティブ並みになるためのノウハウを公開。「本棚に並ぶ英語教材、語学書のなかで、最後まできちんと読んだ記憶のあるものは1割程度」など、自らの失敗経験も隠さず書かれてあり、これから英語の勉強を始める人にとって参考になる内容が満載。なかでも、「絶対挫折しないための10カ条」は必読だ！

『お金と英語の非常識な関係』（上・下）

著者：神田昌典／フォレスト出版／価格：各1,365円

英語を学ぶ多くのビジネスマンが抱えているジレンマ、それは「英語の勉強に時間がとられ、ほかの夢や目標が犠牲になってしまう」ということだ。どうすれば、夢や目標を犠牲にすることなく、最短時間で英語を使えるようになるのか──。この難問に、カリスマ経営コンサルタントの神田昌典氏がズバリ回答。「日常会話を捨てる」「単語力を増やす努力を捨てる」など、氏の経営書と同様に、目からウロコが落ち、効果抜群のヒントが満載だ。

『英語をやっていて、本当によかった。』

著者：吉越浩一郎／WAC／価格：920円

スイスに本社を置く下着ブランドの日本法人社長を長年務めた著者は、英語も堪能。では英語はいかにしてマスターしたのか。その勉強法を中心に、「英語でビジネスをするときの心得」「外国人と日本人の発想の違い」まで紹介。『「ホー・レン・ソー」をやっていると、外国では笑われる』「外国人とのビジネスでは、『英会話力』よりも『中身』が肝心」など、豊富な国際経験をもつ著者ならではの実践的アドバイスは、非常に参考になる。

留学しなくても「英語ができる人」になるためのノウハウ

『村上式シンプル英語勉強法』

著者：村上憲郎／ダイヤモンド社／価格：1,575円

英語は、必要なことだけを勉強すればいい。スクールに通う必要も高価な教材も、勉強机さえいらない！　世界が注目するGoogleの日本人経営トップが、独自に編み出した「ほんとうの意味で使える英語の身につけ方」を伝授。31歳で外資系企業に転職し、自力で英語に取り組んできた著者だから書ける実践的な内容が満載。これから英語を学ぼうと思っている、あるいはいまの勉強方法に疑問を感じている人には、ぜひ一読をお勧めしたい。

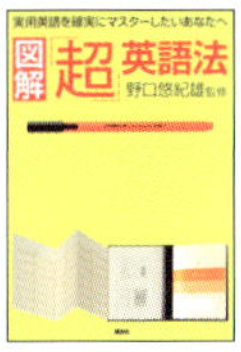

『図解「超」英語法』

監修：野口悠紀雄／講談社／価格：1,365円

整理術の名著『「超」整理法』で知られる著者が、英語勉強法のノウハウを開陳。リアリストの著者だけに、「これをやれば半年で英語が身につく！」、といった甘い言葉は一切ないが、実用英語を本気で身につけたい人には、確実に力がつく最短距離の英語勉強法が自信をもって紹介されている。巻頭に、その人にふさわしい英語勉強法が判断できるチャートも掲載されているので、「勉強法がいろいろあって迷っている」という読者にも役立つ本。

『竹岡広信・安河内哲也のこの英語本がすごい！』

共著：竹岡広信・安河内哲也／中経出版／価格：1,365円

カリスマ受験講師二人による共著だが、「英語本」について網羅的に解説した内容は、むしろ社会人向け。世に溢れる「英語本」のなかから、二人の目にかなうもの、役立つものを厳選して、「間違いのない良書」を教えてくれる。同時に、「英単語」「英会話」など、分野ごとに「ほんとうに力がつく勉強法」も具体的に解説されているので、英語の勉強の進め方の見直しにも活用できるだろう。テキストを買う前に、ぜひとも目を通しておきたい一冊だ。

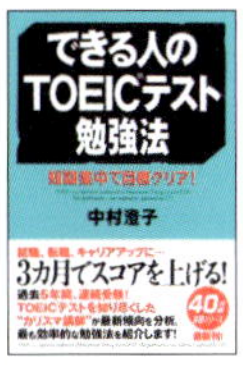

『できる人のTOEIC®テスト勉強法』

著者：中村澄子／中経出版／価格：1,365円

TOEICテストの点数が、昇進に影響するという会社もあるし、就職・転職などで、短期間で点数をアップしなければならない人もいるだろう。それならまず、TOEICテストの女王・中村澄子氏の著書に目を通してみよう。毎回欠かさずTOEICテストを受験し、その出題傾向と対策を知り尽くした著者が、短期間でもっとも効果が挙がる勉強法とテクニックを伝授してくれる。まずはTOEICテストの点数を上げて、英語コンプレックスを払拭したい。

『はじめての新TOEIC®テスト完全攻略バイブル』

著者：長本吉斉／PHP研究所／価格：1,890円

これからTOEICテストを受験しようと考える人が最初に悩むのがテキスト選び。あれこれ買っても、やり切れなかったり、お金がかかったりして効率的ではない。「まずは信頼できる一冊にじっくり取り組みたい」と考えている人にうってつけなのがこの本。テストの全パートを解説し、よく「出題される問題」や「陥りがちなミス」など、効果的な対策をわかりやすく教えてくれる。CD付きでリスニング対策もフォロー。実用度No.1といえる一冊だ

『iPad英語学習法』

著者：湯川鶴章／阪急コミュニケーションズ／価格：1,260円

これまでは、海外で生活しないかぎり、自然な英語を身につけるのはなかなか難しかった。しかし、時代は変わった。進化したWebのなかには、これまで考えられなかったような効果的な英語の勉強法があふれている。それらを活用することで、日本にいながらでも留学しているかのような環境を実現できるのだ。ITジャーナリストの著者が、「iPad時代」の新しい英語学習法を徹底解説。「使える英語」を気軽に、お金も時間も節約して身につけよう！

注：価格はすべて税込みです

“Japanese Manga”で楽しくリーディング

マンガは日本のカルチャーとして広く世界に親しまれており、多くの人気マンガが英訳されている。「分野別速習法」(P.34～44)にご登場いただいた安河内哲也氏も“多読”の材料として勧めているが、英訳マンガは楽しみながら英語を読むには最適の教材になる。ストーリーを知っている作品なら読みやすいし、日本語のセリフをどう訳しているのか、読み比べてみるのも面白い。日本語と英語の対訳版も含め、編集部お勧めの英訳マンガをレベル別に紹介する。

初級編　英語が苦手な人にもお勧め

『My Neighbor TOTORO 1 of 4』

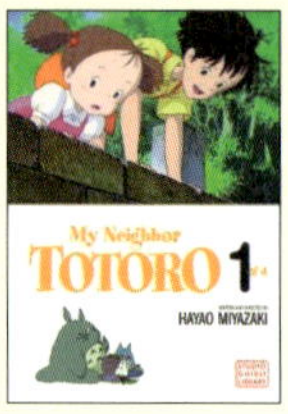

著者：Hayao Miyazaki
VIZ Media
価格：930円

『となりのトトロ』の英訳版。アニメの絵を使っていて、独特の世界観がそのまま。セリフが少なく、主人公のサツキとメイが子供であるためか、平易な表現が多い。絵本をみるような感覚で読める。2人が「まっくろくろすけ、でておいで」と呼ぶ場面は、英語で“Come out, come out, wherever you are!”。日本語と同じように、声に出して読んでみてもリズムがよい。

『DORAEMON VOLUME 1』

著者：Fujiko F. Fujio
小学館
価格：819円

国民的マンガ『ドラえもん』のバイリンガル版。巻末に「ワンポイントレッスン」として、作中で使われた英語表現の一部を解説しているのがためになる。たとえば、ドラえもんからのび太に対する、「頭悪いな」という厳しいセリフ。これは“He's kind of slow”と訳されているが、“kind of ～”は「やや～だ」の意味。日本語に比べて、和らげた表現になっていることがわかる。

中級編　絵をみて推測しながら読むべし

『バイリンガル版 のだめカンタービレ①』

著者：二ノ宮知子
訳：玉置百合子
講談社
価格：1,260円

実写ドラマも大人気だった『のだめカンタービレ』のバイリンガル版。フキダシのなかは英語で、コマの外に対応する日本語のセリフが書かれているので、英語を読みつつ、わからないときに日本語を参照するという読み方ができる。セリフが少なく、読みやすい。主人公・のだめの破天荒なセリフやボケ、千秋への愛情表現がどのように訳されているか、確認してみると面白い。

『CASE CLOSED Vol.1』

著者：Gosho Aoyama
VIZ Media
価格：959円

『名探偵コナン』の英訳版。一部の主要登場人物の名前が英語圏の名前に変更されているが、それ以外は違和感なく読める。ミステリーなので、日本語版と同様、謎解きの部分はセリフが多く説明調。読むのに少し苦労するが、比較的わかりやすい単語や言い回しが使われているので、状況を確認しながら一つひとつ正確に理解していけば初心者でも大丈夫。読解の練習になりそうだ。

『JOJO's Bizarre Adventure Vol.1』

著者：Hirohiko Araki
VIZ Media
価格：770円

『ジョジョの奇妙な冒険』第3部の英訳版。ダイナミックな絵のためか、英語で読んでも違和感がない。“スタンド”という能力によって戦うストーリーなので、“スタンド”や戦術についての説明など、格闘マンガの割に文字が多め。著者特有の「ゴゴゴゴゴ」などという書き文字の擬音には、傍らに小さく英訳がついている。対比してみると、英語の擬音が学べるかもしれない。

上級編　原作と読み比べてみよう

『NANA 1』

著者：Ai Yazawa
VIZ Media
価格：866円

『NANA』の英訳版。少女マンガならではの微妙に揺れ動く恋愛感情の表現を、どのように英訳しているのか、注意して読みたい。また、日本語版では登場人物のモノローグがまるで詩のように書かれていたが、それもうまく詩的に英訳されている。セリフが多めで、若者同士の会話を中心に物語が展開していくため、英和辞典にないような口語表現もしばしば使われている。

『DEATH NOTE 1』

著者：Tsugumi Ohba
Takeshi Obata
VIZ Media
価格：744円

『DEATH NOTE』の英訳版。主人公・夜《や》神《がみ》月《ライト》の名セリフ「新世界の神になる」は、“I will reign over a new world”（僕が新世界を支配する）と訳されている。「神」の直訳、つまり“God”という言葉を使わないのは、キリスト教圏ならではの配慮だろうか。全体的にセリフやモノローグが多くかつ論理的、日本語で読んでも難解なストーリーなので、かなり読み応えがある。

『OISHINBO A la carte Japanese Cuisine』

著者：Tetsu Kariya
Akira Hanasaki
VIZ Media
価格：1,251円

『美味しんぼ』の和食に関するストーリーを集めた英訳版。普通の会話は比較的平易だが、料理の説明は専門用語が多く、少し難しい。英訳しにくい日本文化関連の用語は日本語のままにし、巻末の用語解説でフォローするという方式。たとえば海原雄山の名セリフ「女将を呼べ！」は“Call the OKAMI over here!”と訳されていて、“OKAMI”の意味を巻末に解説している。

注：価格はすべて税込みです

『THE21』（ざ・にじゅういち）とは？

成果主義時代のいま、ビジネス・パーソンのスキルアップ＆キャリアアップに関心が集まっています。『THE21』は、つねに上をめざし、ビジネス動向に鋭敏な感覚をもつ、意欲的かつエネルギッシュなビジネス・パーソンに向けたビジネス・スキル誌です。カリスマ社長の仕事習慣から成長企業の舞台裏まで、リアルなビジネス情報を徹底取材。スポーツ・文化・芸能など異分野で活躍しているトップスターたちの仕事ぶりも紹介します。仕事のヒントとして、あるいは人生の糧として、ぜひ本誌をお役立てください。『THE21』は、やる気のあるニッポンの次世代リーダーをとことん応援します。

●装　　丁　萩原弦一郎（デジカル）
●装丁写真　アフロ

●デザイン　森里佳（AMI）

『THE21』BOOKS
海外経験ゼロでも「英語ができる人」はどのように勉強したのか？
今からでも間に合う！ やり直し勉強法！

2011年3月7日　第1版第1刷発行
2011年5月30日　第1版第4刷発行

編　者　『THE21』編集部
発行者　安藤　卓
発行所　株式会社ＰＨＰ研究所
東京本部　〒102-8331　千代田区一番町21
クロスメディア出版部　☎03-3239-6254（編集）
普及一部　☎03-3239-6233（販売）
京都本部　〒601-8411　京都市南区西九条北ノ内町11
PHP INTERFACE http://www.php.co.jp/
組　版　朝日メディアインターナショナル株式会社
印刷所　大日本印刷株式会社
製本所　東京美術紙工協業組合

ISBN978-4-569-79535-5